营销突破

——十三家知名企业的营销战略

Marketing Breakthrough 13

策　划	王跃进　李银会
主　编	何海明
副主编	杜国清　符绍强

书中附赠精选视频
扫　码　即　看

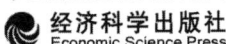

中国财经出版传媒集团
经济科学出版社
Economic Science Press

图书在版编目（CIP）数据

营销突破：十三家知名企业的营销战略/何海明主编．
—北京：经济科学出版社，2019.3（2019.8 重印）
ISBN 978-7-5218-0342-6

Ⅰ．①营… Ⅱ．①何… Ⅲ．①企业管理-营销战略-研究 Ⅳ．①F274

中国版本图书馆 CIP 数据核字（2019）第 042366 号

责任编辑：于海汛
责任校对：蒋子明
责任印制：李 鹏

营销突破
——十三家知名企业的营销战略

策 划 王跃进 李银会
主 编 何海明
副主编 杜国清 符绍强

经济科学出版社出版、发行 新华书店经销
社址：北京市海淀区阜成路甲 28 号 邮编：100142
总编部电话：010-88191217 发行部电话：010-88191522
网址：www.esp.com.cn
电子邮件：esp@esp.com.cn
天猫网店：经济科学出版社旗舰店
网址：http://jjkxcbs.tmall.com
北京季蜂印刷有限公司印装
710×1000 16 开 16 印张 210000 字
2019 年 3 月第 1 版 2019 年 8 月第 2 次印刷
ISBN 978-7-5218-0342-6 定价：56.00 元
（图书出现印装问题，本社负责调换。电话：010-88191510）
（版权所有 侵权必究 打击盗版 举报热线：010-88191661
QQ：2242791300 营销中心电话：010-88191537
电子邮箱：dbts@esp.com.cn）

本书专家组成员

汪俊林　刘瑞旗　茅忠群　冷友斌　李银会
魏立华　王旭宁　李志林　李　嘉　姚吉庆
李友全　沈　颖　喻凌霄

项目课题组成员

何海明　杜国清　符绍强　陈　怡　张　津
苏威祺　韩永琛　马腾飞　方贤洁　武春霞
宋诗谣　刘文娣　柴乐干

导　　读

◎ 何海明

2018年上半年是我在中国传媒大学广告学院的第三个学期，也是《企业营销战略》公开课的第二期。企业营销战略课并不是太能引起人们关注，因为很多商学院都在开设，有很多知名教授都讲得很好。但我想开一门让企业家和CEO来讲的课，这不是他们的结论有多新，体系有多完美，而是觉得他们几十年的心得一定是独到的，他们的体会一定是深刻的，甚至可以说是用血泪凝炼出的。于是，设计课程、组织团队、邀请嘉宾。这些企业家和管理者很给面子，最终有15位来到了中国传媒大学的课堂。因为觉得这些资源很宝贵，只给中传的几十位研究生很浪费，于是联系腾讯新闻、搜狐财经、新浪一直播，直播成令社会都能收看的公开课。开课后，社会反响强烈，因此，我们把其中13位讲课嘉宾的课件整理加工，奉献给读者。

郎酒的品牌驱动战略

郎酒董事长汪俊林的这堂课在业界有很大的轰动，这应该是汪俊林第一次到大学授课。当然缘起是我还在央视的时候跟他交谈，以后要到大学里去当教师，他当时说，我能支持的是以后到你的学校里去当学生。当然，我不会让他来当学生，他应该来给同学们上一次课，因为他学临床医学出身，在他企业经营的历史中以稳、准、狠出名，是个难得的商界奇才。

中国的老名酒其实都是小酒坊出身，公私合营建立的酒厂，由于体制与观念的制约，21世纪初的郎酒亏损严重，负债累累，汪俊林接手并盘活了这家酒企。17年的时间，郎酒销售额两次问鼎百亿，每一次都是汪俊林在市场最萧条的时候逆势启动，搏杀出位。汪俊林董事长的这节课阐述了他的经营观、广告观，是他几十年经营独特的体验和感悟。他说"一个人若想走得长远，获得成功，乐观是其最重要也是最根本的保证。"他认为企业管理的核心制度是薪酬制度，员工希望通过自己努力和奋斗而换取更好的生活，企业的管理者一定要站在更高的角度上为大家创造更好的效益。他的原话是对普通员工不要求讲理想，企业要多考虑他们的薪酬，但高管一定要讲理想。

郎酒善于用媒体进行品牌传播，对广告投放，汪俊林认为单从企业资金的状况出发来规划投放的策略是不合理的，而要以市场所能贡献的产出来衡量投入。他认为广告如同激光，要聚焦在一个点上穿透。做品牌如做人，要有信心，守得住寂寞，坚持到底。

汪董事长的讲课引起了广告界极大的反响。企业内部认为他在中国传媒大学的讲课透露过多。但我认为他的课程是他经营之道的凝炼，别人能看懂，但是学不会。

恒源祥对品牌的探索之路

恒源祥的董事长刘瑞旗说他是一个退出产业一线的企业家。说他退出产业一线,是因为他已将恒源祥服装实体的日常交给了他一手带起来的职业经理人,他做他喜欢的研究工作。这几年他和研究团队完成了国家重点软科学项目《国家品牌战略问题研究》《国家品牌与国家文化软实力研究》,并成稿出书。此外,他还在做宗教文化、感官营销研究,又是国际武术联合会名誉副主席,全力支持武术协会的工作。

这些研究和社会活动似乎与恒源祥品牌无关,但都为恒源祥品牌注入了新的生机,比如恒源祥是连续三届中国奥委会的赞助商,人们印象深刻的中国队的西红柿队服和运动员领奖服就是出自恒源祥。作为中国最早的工业化城市,上海的老字号很多,而恒源祥是为数不多的发扬光大、依旧辉煌的老字号品牌,这与刘瑞旗从29岁临危受命经营这家毛线商店开始的一切努力是分不开的。

从注册商标、策划5秒"羊羊羊"的重复广告,到做品牌不做产品广告的理念,乃至用文化互动的方式与消费者沟通。一般消费者已经不再买毛线打毛衣了,但恒源祥品牌如树根一样扎在消费者心中,不断生根发芽,与时俱进。

方太在企业导入传统文化的实践

我和方太董事长茅忠群交流时往往感觉压力很大,他钻一行,专一行。茅董事长是个工科学霸,本科、硕士均毕业于上海交通大学，而后他专注传统文化，用了整整10年时间研习传统经典，熟读诸子百家。他中欧商学院毕业后又到清华大学、北京大学上国学班，从上学时对语文没任何兴趣到自己撰写儒家、道家等研习心得，并在方太全面导入以儒家为核心的传统文化。他慢慢地在方太整理出一个体系——把优秀传统文化与现代管理完美结合的文化与管理体系。

茅忠群设计的一整套做法源于三个问题"为什么""成什么""信什么"，即使命、愿景、价值观。他认为企业的管理制度要与文化理念适配，因此在文化践行中以仁爱关照社会，以心本经营、以道御术、品德领导、教育熏化、积极承担等作为管理之道，在文化指引的传播落地中提出了"因爱伟大"的品牌主张，产品设计从用户出发，广告表现复兴传统之美。

茅忠群表示在完成传统文化与现代管理这个实验之前，方太不考虑上市。衷心祝愿这个伟大的实验成功，为中国企业提供更好的选择方案。

飞鹤的营销攻心战略

"飞鹤奶粉，更适合中国宝宝定制"，这则广告在央视和其他媒体频频播出，令竞争者头痛不已。

2018年飞鹤整体业绩增长超过60%，销售额过100亿元。这一骄人的业绩背后是董事长冷友斌和团队17年的坚持，一个好的战略，一个精准的定位，一组适合的战略配称和步骤。

冷友斌是农场子弟，食品工程科班出身，带着同学和乳品厂员工一起创业，经历了2008年中国奶粉质量安全事件，他对行业有独特的理解。他从基础入手，在北纬47度世界公认黄金奶源带之一的黑龙江齐齐哈尔建成了国内第一条婴儿奶粉的全产业链。在寻求品牌定位的过程中，飞鹤认为质量安全是食品企业的最低标准，"更适合"应当成为企业的追求。由此，从研发、产品、市场活动、消费者互动等一系列动作都围绕"更适合中国宝宝"这个定位。一般人注意到飞鹤在央视和楼宇的高强度广告，往往忽视了飞鹤几乎每天在全国不同地方有近800场与消费者沟通的活动。

冷友斌说："生产婴儿奶粉最核心的东西是我们如何打造一个体系，包括制度、流程、智能化。我们花钱可以买好设备，但是买不来好管理，买不来整个系统，这个系统一定要掌握在我们自己的手里，和企业共成长"。这是他的肺腑之言，也是对中国其他企业的建言。

天佑德的品牌和市场突破

天佑德青稞酒公司是这门课的支持者，董事长李银会为人非常低调。这位农家子弟出生时父亲已是60岁，兄弟姐妹众多，但他天资聪慧，本科、硕士7年都在北京大学学习地质专业，曾在中关村卖过电脑，在青海创立过计算机服务公司。在创业过程中他认为要想基业长青，需要好的产品，并打造成品牌，于是他找到了青藏高原独特的产品——青稞酒。在他的手里，天佑德青稞酒厂改制上市，驶入了发展的快车道。

李银会有三个坚定的信仰：对青稞这一青藏高原唯一农作物的信仰；对青稞酒民族酒的信仰；对天佑德青稞酒的信仰。他以学者的精神梳理青藏文化和青稞酒天佑德的历史，并使之文字化、图像化。李银会领导的天佑德企业不止步于历史的传承，在央视做品牌、赞助多样体育运动、举办中国青稞酒文化节、开办天佑德商学院，扎扎实实，一步一个脚印。

李银会的眼光显然是超越青海这个区域限制的，他并购了中酒网，尝试互联网营销工具，推动企业的"互联网+"，向"数据+客户"的新零售模式转型，收购了位于美国纳帕谷的马克斯威酒庄，推出了适合市场趋势的小酒——"小黑"青稞酒……

对于杰出企业家，好是无止境的，祝福李董和天佑德。

君乐宝的崛起和商业准则

君乐宝的董事长魏立华是个传奇人物。他所在的河北省的乳业在2008年的三聚氰胺事件中全军覆没，一个全国性品牌倒地不起，他肩负着让河北乳业品牌在废墟上崛起的使命。

一切从最难的地方做起，他说企业要在河北石家庄做，用原先就有的君乐宝品牌做，从最难的婴儿奶粉做。君乐宝乳业推出全产业链模式，从种牧草、养奶牛开始，用最严格的食品安全标准来管理，用亲民的价格……君乐宝成功了，习总书记前往调研。

特别推荐魏立华董事长总结的企业的一个中心、五个基本力。他总结的做人和做事的准则是几十年经营管理企业的心血之作。

九阳的原创之路

九阳电器董事长和创始人王旭宁是教师出身，但他工作不久很快迷上了研发，他用半年时间研制出中国第一台豆浆机，然后辞掉教职工作，凑了 25 万元开始创业。

创业之路注定是坎坷的，产品好不一定就能卖好，卖豆浆机就要从推广豆浆开始，从《鲜豆浆营养食谱》入手，从区域媒体到央视广告广而告之。

王旭宁始终没有放弃的是他发明家、工程师的身份。20 年间，九阳豆浆机经历 11 次重大技术升级，他都是一线的领导者，他是企业中专利最多的工程师，从他身上，我们感受到的是对中国制造的信心。

王旭宁说离开学校后的上课没有超过 20 分钟，那天他破例讲了 40 分钟，但我们整理文稿时发现"干货"满满。他和张泉灵对话时说"我们要跨越产品，要成为一个群体的代表，生活方式的代表"，平和中凸显出这位企业家的霸气。

简一的定位战略和实践

简一陶瓷的董事长李志林同样是科班出身，毕业于景德镇陶瓷大学（这是中国唯一的陶瓷大学），他大学毕业 30 年，从未从事过其他行业。他说："我学有所用，享受这份工作"。

李志林也是定位理论的信奉者和实践者，企业初创时期是游击战术，转型时期用侧翼战，然后采用差异化聚焦战略，专注于大理石瓷砖。在销售额刚过 10 亿元时，他拿出 3 亿元做广告，被业界调侃为"李三亿"。他不仅做央视广告，而且改造渠道，实施明码实价，转型服务。简一不停地自我革命，行动力极强，为用户创造价值、永远创新成为简一企业的使命和常态。

瓷砖行业的整合才刚刚开始，我们对简一寄予厚望。

统一石化的战略转型

统一石化的 CEO 李嘉是品牌传播的传奇人物。在 2003 年他做了两件震惊广告界的举动，一是以 6000 多万元中标央视黄金招标时段的广告，这在一个面向非大众市场的工业产品中是十分罕见的；二是在伊拉克战争爆发期间播出了一则"多一些润滑，少一些摩擦"的 5 秒广告，紧贴在央视《伊拉克战争报道》之后，创造了事件营销的神话。他在讲课中分享的远不止这些，而是一个企业、一个行业 20 年的战略选择、资本运作和营销创新。

统一石化打出了品牌，在原料供应受到挤压时卖给了外企，获得了生机，在合适的时机又买回企业，在市场急剧分化时刻又进入汽车后市场，将企业从润滑油厂商逐渐转变成"产品＋终端设备＋服务"的综合平台，每一步都是正确的选择。

李嘉以碰撞出的进取精神，适应市场，引领行业，令人敬佩。

慕思的营销方法论

慕思寝室用品有限公司的总裁姚吉庆是职业经理人的典范。他曾担任华帝集团总经理，欧派家居集团营销总裁，到现在的慕思寝室用品公司总裁，成功跨界运营三个不同行业的第一品牌，是中国著名实战派营销和管理专家。与创业者比，姚吉庆认为自己更适合做从10到100的事，其实像他这样的经理人在中国更稀缺。

在中传的这门课上，姚总分享了他的营销方法论：黄金圈法则。做产品由内而外，提供极致的产品体验，做品牌由外而内，打造消费者认同的核心价值观，找到品牌背后的价值。这门课生动丰富，我至今还能想起姚总在课上的动情和投入。

燕之屋的突围之道

燕之屋食品的CEO李友全是草根出身，大学毕业后从药品保健品的销售起家，从不引人注目成长为营销高手，我多次听过他的演讲，他在现场的感染力极强。

李友全在燕窝行业的低谷期加入企业，明确产品的定位，根据营销体系完成战略配称。他分享燕之屋成功的要诀：要有独一无二的"中国式营销"，看准机会，及时出手，深耕市场，这绝对要狠；另外企业要做终身学习型企业，在市场中学，在课堂上学。燕之屋的成功绝对不是偶然，是对消费市场的深刻理解和领导者快速决断和执行力。

Jeep 的生态营销

我们这门课还请了一位跨国汽车企业的品牌负责人，这就是 Jeep 的生态营销总监沈颖，这位年轻的女博士给大家分享了时下的营销趋势——生态营销。

汽车市场整体放缓，车企之间竞争压力不断增长，Jeep 洞悉未来的营销模式——在品牌和消费者之间建立超链接生态体系的平台。沈颖博士介绍了 Jeep 如何创建生态营销，如何彰显 Jeep 情怀，如何选择与媒体的合作，让人们了解了国际企业当下品牌传播的观念和实践。

新英体育的付费慢生意

中国传媒大学很难出企业家的，但是本书最后一篇的主讲者新爱体育 CEO 喻凌霄就是一个标准的企业家。

喻凌霄是地道的上海人，但也颠覆了人们对上海人固有的模式印象。1991 年他加入当时如日中天的上海电视台，1994 年辞职做版权生意。他说离开铁饭碗要证明自己做生意行，这一证明就是 24 年。他把企业做得很成功，将新英体育做成中国最赚钱的体育公司，并继续担任爱奇艺与新英合资的新爱体育公司的 CEO。喻凌霄说他在过去的 10 年里只干了一件事：运营英超版权、推行体育内容付费模式。喻凌霄给我深刻印象的不是他对国际体育市场（赛事组织、体育媒介、赛事营销结构）的深刻洞见，也不是他 12 年为英超中国内容收费商业模式策略的努力，而是他对商业本质尖锐的表达。

他说："做一个企业，可持续发展很重要，如果不可持续，会非常危险。""一个人选择行业，没有对错，选了要给自己长脸，要证明选择对，行行出状元。""很多人都非常急，要急于实现财务自由，我问你，你财务自由了又能怎么样？""人的一生非常长，长到很无奈，不要只看眼前。"因为是校友，平常并没有仰视他，但这节课讲完后，我对他增添了十分的尊敬。

他是这个时代的企业家和称职的经理人。

有两位讲课嘉宾，一位是正安中医的创始人梁冬，是我的校友学弟，他讲的是所关注的未来人类的思考和探索，和本书的方向不合，我们另放到其他的书中。另一位是安踏篮球事业部总经理徐阳，他的课件因时间原因没赶上放在本书，深表遗憾。

著名主持人崔永元、郎永淳、张泉灵、赵普、李小萌、史小诺、艾诚、贺炜、贾梦霞都曾来到课堂和这些企业家对话，他们以专业的眼光解读、发问，给我们提供了不同的视角。十一号传媒公司派出精良的制作团队录制了所有的课程并剪辑成视频，本书将提供视频版。

本书的策划是央广传媒总公司的王跃进董事长和天佑德青稞酒业董事长李银会先生，他们和我一起策划并给予经费支持。其中李银会董事长还亲自来分享他的经营之道。两位副主编是中传广告学院杜国清教授和符绍强博士，他们和课题组一起完成了本书的编写、整理工作。这门课还得到了意大利之家企业和董事长武瑞军先生的大力支持，在此表示感谢。

这门课其实是很耗费社会资源的课程，这些企业家和管理者的主业不是讲课，他们在年初确定讲课时间，提前一两个月备课，从外地赴京，来回花两到三天的时间，体现了他们对教育下一代的重视，其实是个公益行为。中国传媒大学广告学院的老师、研究生组成的教辅团队，也在课前、课中付出了很多。十一号传媒公司为这门课专门做了视频编辑，读者可以扫描每个篇目旁边的二维码，回看讲座的精彩内容，因此本书是文本和视频合一的读本。听课的学生也许不能完全听懂他们所讲，但我相信在他们走上工作岗位几年、十几年后一定会领悟、体会其中的精要。正如一位企业董事长的留言："这门课的价值被低估了，因为这些企业家几十年的体会都在这一堂课中分享了"。

向所有这些讲课嘉宾致敬，谢谢你们。希望有更多的朋友能从本书中汲取一些养分。

序
看海明如何突破

◎黄升民

有一天晚上,海明到我家说起开课事。那个时候他刚刚离开央视回到学院,雄心勃勃要在大学开一门受学生欢迎的课程。我依照一般套路,从做科研,做论文,说到做专业课,重点介绍时下流行的所谓精品课。但海明对此不太感冒,他说,打算做一门自己设计、自己定调的、与众不同的新课程。

我听了呵呵笑,这几年所谓的创新课程已经烂了大街,教育部领导年年讲,大学校长月月催,一说教改都是创新,但就没有创出个啥。看着海明小脸红扑扑,两眼在放光,我也不好泼冷水,打着哈哈说,创吧,是人总得干活嘛。

海明的课开起来了,第一期课程在四十八号教学楼开讲,我去过一趟,那天是农夫山泉董事长钟睒睒授课,大教室里坐满了人。据说钟总很少接受社会采访,这次授课动静很大,有学员从广州从上海打"飞的"专程过来听课。我老老实实听了3个小时,确实很受用。进入第二期课程,名声越来越大,团队也建立起来了，既有常年研究广告主的教授，也有日日奔波媒体的讲师，称得上兵强马壮。四十八号教学楼的教室坐不下就挪到了中国广告博物馆的学术报告厅，一到开课时间总是挤满人。我名下的学生也是到点就去一课不落，我问学生对海明的课程有何评价，他们列举出三点：来自一线，老大执掌，真心传授。

何谓来自一线？首先，课程主题、问题延展、案例旁证统统来自经营一线；再者，所有的授课者，无论是创业者还是经营者，全部来自管理现场。何谓老大执掌？讲授者基本都是企业一把手，不是熟悉品牌运作的董事长就是掌管营销的总经理。何谓真心传授？讲授者不说空话假话，讲的都是实话真话，问题如何发生，如何思考，如何决策达到如何效果，许多细节和关键部位，毫无保留和盘托出，让授课者了解事情来龙去脉，把握决策过程。

三个要点，说易行难，找一线来讲讲相对好办，可是，邀请到一线的老大出场就不好办。好不容易约请到老大，忽悠一下是可以的，真心讲授很难，而且，不但要说过五关斩六将，还要讲讲败走麦城，这当然是高难度的。为什么要这样设计课程呢？有天何海明对我说，他回到广告学院有个新发现，学院的专业课程体系经过近30年的打磨已经相当成熟，但是存在两个软肋：第一，学生思考问题容易陷入流程细节，缺乏战略高度视野；第二，缺乏整体资源配置思维，尤其是资本运营的知识和构想。海明说着说着激动起来，而且开始自问自答，涉及战略层面和整体资源配置，不请企业家一把手来讲课，不让董事长总经理敞开心扉传授，学生能够接触到企业最核心的东西吗？

那个场景我记得，眼睛碌碌转、小脸红扑扑。然而，这个就连顶尖商学院也为之困惑的问题突破了吗？海明马上就要推出第三期课程，欢迎诸位来现场听听，如果远距离，不妨收看现场转播的视频，如果实在很忙，那就阅读这本《营销突破》吧。

读完顺手给个分，本序言不算。

（黄升民，中国传媒大学资深教授，中国广告博物馆馆长）

目　录

郎酒的品牌驱动战略 / 1

恒源祥对品牌的探索之路 / 20

方太导入传统文化的实践 / 35

飞鹤的营销攻心战略 / 56

天佑德的品牌与市场突破 / 68

君乐宝的崛起和商业准则 / 97

九阳的原创之路 / 108

简一的定位战略和实践 / 125

统一石化的战略转型 / 145

慕思的营销方法论 / 160

燕之屋的突围之道 / 181

Jeep 的生态营销 / 193

新英体育的付费慢生意 / 210

做对营销，如虎添翼 / 229

郎酒的品牌驱动战略

群雄纷起的白酒行业曾诞生过多位央视广告"标王",又纷纷消逝于历史的洪流中,屹立不倒的郎酒反而是一个特例。

诞生于四川省古蔺县二郎镇的郎酒,位于"中国白酒金三角"核心区域的赤水河谷,自西汉的"枸酱"以来已有千年历史,号称"生在赤水河,长在天宝峰,养在陶坛库,藏在天宝洞",采天地精华,吸日月灵气,醇化生香,陈化老熟。郎酒的现代工厂在清末的"絮志酒厂"酿酒作坊的基础上发展起来,新中国成立后,在周恩来总理亲切关怀下,于1957年恢复生产,成为与茅台同列的中国两大酱香白酒。

改革开放后,中国市场快速变化,高端洋酒强势进驻,区域性品牌不断崛起。曾作为贡酒风光无限的郎酒,也曾经历负债累累、无人问津的落寞。新千年以来,凭借优良的品质与迅猛的营销,郎酒已经重新回到人们的视线之中。在市场的急进与沉寂中,郎酒以其独到的经营理念与策略矗立一方,坚守着自己的品牌价值,大起大落间更展现郎酒的韧性与传奇。

2018年4月25日,郎酒集团董事长汪俊林来到中国传媒大学广告学院《企业营销战略》公开课,分享郎酒的品牌驱动战略。

郎酒的历史沉浮

老名酒不适应新时代，产品定位、渠道管理出现严重问题

郎酒历史悠久，公元前135年，汉武帝便把郎酒产地二郎滩一代盛产的"枸酱酒"钦定为贡酒，有民谣流传古今：上流是茅台，下游望泸州，船过二郎滩，又该喝郎酒。1903年，絮志酒厂开始酿造"回沙郎酒"，1933年，"惠州糟坊"把"回沙郎酒"正式更名为"郎酒"。郎酒以其"酱香浓郁，空杯久留香"的卓越品质与贵族口味闻名中外。

红军四渡赤水时曾经登陆二郎滩，郎酒拥军，见证了新中国的诞生。1956年成都金牛坝会议上，周恩来总理提道："四川还有一个郎酒嘛，解放前就很有名，要加快扩大生产！"在总理的勉励下，郎酒不断奋发向前：1963年获首届四川省名酒评比金奖；1979年获国家质量优质奖；1984年，"郎"牌郎酒被评为国家名酒，荣获"中国名酒"称号；1985年再获商业部颁发的"金爵奖"；1997年，"郎"牌商标入选国家工商总局"中国驰名商标"；1999年，39°酱香型郎酒成为中国国家酱香型低度白酒标准样酒。

然而，历史发展的规律总是波澜起伏，没有谁能够永远一帆风顺。郎酒，历经百年昌盛的名酒极品，也在世纪之交的行业调整中开始逐渐落伍。

图 1　郎酒集团泸州基地全貌

进入新世纪，中国的白酒行业在政策法规的调整下发生着空前的变化，企业的体制与产品的结构需要迅速适应变化，否则将面临严峻的危机。随着进口关税的降低，洋酒大举进军国内市场，抢夺中国高端白酒的市场份额；同时国内外强势资本通过收购、兼并，对行业内企业进行整合，构建完整产业链与集群效应，对中小企业形成压制；而原辅材料价格上涨，成本压力提高，对劳动密集型的酒企来说也是不小的挑战。

郎酒由于体制与观念的制约，尽管品质卓越，却慢慢淡出消费者的视野，在新世纪声名渐黯。2001 年 1~5 月，郎酒销售额同比下降 65%，全年亏损 1.5 亿元，累计负债逾 10 亿元。在产品方面，郎酒的产品线多而杂乱，定位不清晰，同主要竞争对手的价格差距越来越大，在消费者心中的档次开始下降。在宣传方面，过分强调生产工艺与酿造环境，与其他品牌区别不大，而广告投入又远低于对手。在渠道方面，郎酒过分倚重经销商，但欠缺管理，导致经销商之间常相互杀价，产品无利可图。最终，为了弥补销量下降的缺口，郎酒又向市场推出价格更低的新产品，逐渐形成恶性循环，品牌价值不断流失，被曾经齐名的品牌慢慢甩在后面。

汪俊林接管　重塑品牌

2001年10月，现郎酒集团董事长汪俊林正式接管并着手企业改制。为了稳定企业并还清负债，汪俊林一方面要改变员工的陈旧思想，另一方面要精简组织机构，建立良好的决策机制。在汪俊林大刀阔斧的改革之下，郎酒逐渐扭亏为盈，度过最艰难的时期。

而新世纪是大众媒体的时代，汪俊林把握住了机遇，运用适当的营销策略重振郎酒品牌。他首先重塑了郎酒"神采飞扬中国郎"的品牌形象，赋予品牌昂扬向上的精神气质，随后通过央视等强势媒体让"中国郎"的形象深入人心。在渠道方面，汪俊林提出"群郎战略"，强调相互协作配合，以点带面，星火燎原。经过几年的努力，郎酒于2011年突破百亿销售额，重返一线品牌，迅猛的发展速度被业界称为"郎酒现象"。

因为茁壮成长的新中产群体，中国社会新的生态正在形成，而郎酒将复兴的未来也押注在崛起的新中产人群上。汪俊林认为，中国未来的消费潜力将来自于新中产阶级，他们是中国消费升级的源点人群，年龄大约在20~45岁之间，因为年轻而拥有更新鲜、更前卫的观点，追逐创新与潮流，热爱分享，愿意为品牌和更好的品质付出溢价。他们是社会的中坚力量，将带动全社会的发展与创造。

专家预计，到 2025 年左右，中国新中产人群会达到 5 亿。汪俊林说 5 亿中产消费者的消费能力将会超乎想象，庞大的市场会为中国培育更多世界级的企业。因此，抓住新中产就是抓住未来的先机，新中产是消费者的意见领袖，是品牌发展的风向标。

汪俊林认为中国的品牌必将向少数集中，尽管市场广阔潜力巨大，但每一个行业最终能被消费者熟知的企业将仅有 3~5 家，领先的品牌会更加壮大，而其余品牌将失去发展空间。郎酒的目标是在行业集中的激烈竞争中继续发展壮大，成为中国白酒的旗帜性品牌。

汪俊林的经营观

企业管理的核心制度是薪酬制度

自执掌郎酒以来，汪俊林对企业管理有自己的心得，成为郎酒快速发展壮大的秘诀。有一些企业制定的管理规章非常严格，迟到要罚款，早退要扣分，但最终执行的效果并不理想。汪俊林认为，这样的管理制度不是企业的核心制度，企业管理的核心制度应该是薪酬制度。薪酬制度是人力资源管理乃至企业管理的核心内容之一，现代企业的薪酬制度不仅具有传统的功能，更被赋予了激励与促进竞争等全新内容，薪酬成为员工人力资本价值体现的具体形式之一。薪酬管理已经与企业发展和人力资源战略紧密联系在一起，渗透到企业经营的每一个环节。

而郎酒一以贯之的薪酬制度是为员工提供更高的薪资保障。2001年汪俊林接管郎酒时，企业已是负债累累，尽管经营困难，他仍坚持给员工涨工资，只有更好的待遇才能在危机时刻稳定军心，留住人才。而对于年轻人，给他们提供极具竞争力的薪资待遇，工作完成得出色还会有额外的丰厚奖励，在这样的制度激励下，即使老板不在，他们自己也会愿意加班，做工作既是为企业，更是为自己。

近年来，郎酒集团不断从国外引进人才，在国外50万美元的年薪需要缴40%的税，而郎酒不惜斥百万、千万的重金聘请，成功吸纳到众多优秀海外人才。汪俊林认为，全凭理想而工作的人是少数，人们希望通过自己努力的奋斗而换取更好的生活，因此良好的薪酬制度是维持企业人才资源良性运作，激发企业发展活力的根本。

而企业的管理者，一定要站在更高的角度上为大家创造更好的效益，正如汪俊林所说："钱不是万能的，但钱是必须的，只有钱加上制度才管得住人。"

百折不挠，企业期待乐观坚韧的员工

人才是企业最重要的资源，很大程度上决定了企业的发展。汪俊林结合自身经历分享了他对于企业用人的看法，企业期待乐观坚韧的员工。

为人首先要乐观。一个人若想走得长远，获得成功，乐观是其最重要也是最根本的保证。如果一个人心胸狭隘，每天郁郁寡欢，则必难成事。人的一生会遇到很多事情，只有带着乐观的精神，才有可能战胜一切困难。做企业的人尤其如此，成功的人没有一个是一帆风顺的，都是在各种艰难险阻中逐渐成长，可以依靠的只有自己乐观的精神。人从诞生之日起，就开始了走向死亡的旅程，既然知道迟早是要面对死亡，那如何面对我们活着的每一天？只有更快乐一些、更自在一些，才不愧对我们宝贵的人生。

当我们遇到困难时，要保持乐观，更要有坚韧不拔的精神。在追逐成功的路途上，不被人理解是正常的，甚至被人诬陷也是很正常的。做企业的人，往往今天被人表扬，明天就会遭人唾弃，一半的人认为你可以成功的同时，有一半人会说你不行。能得到所有人的理解和支持的一定不是企业家，因为企业家是看未来的人，如果所有人都认为该做这件事情，那便为时已晚，已然失去先机。所以在遇到困境，在被人误解，在做出决策的时候，都必须要有坚韧的精神。如果想在未来有所成就，那便要能经得起折磨。

除此之外，人要有自知之明，知道自己所不能。只有知道自己哪里不行，才能知道哪些事情自己可以做，哪些事情自己做不到必须要借助外界的力量。知道自己所不能，才能看清自身的边界并保持警醒，才能找到自己提升的空间，才能懂得借力的价值。

乐观、坚韧、有自知之明的人，才是企业应该聘用的人。

不以企业现有资金，以市场能贡献的产出衡量广告投入

在大众媒体时代，通过强势媒体的立体传播而迅速崛起，屡屡高额摘得央视标的的郎酒，对市场投放却极为理性而审慎。每个企业的资金有限，现金流尤为重要，汪俊林认为单从企业资金的状况出发来规划投放的策略是不合理的，必须要同时结合市场的状况，以市场财务的视角来研究投放量与力度。

首先，要确立市场的观点。例如，我们要发展北京市场，投放多少媒体广告，部署多少人去开拓渠道，持续多长的周期，这些都无法从现有资金中得知，只能由市场的观点得出。郎酒在北京投放了半年的广告以后，许多北京人都对青花郎产品有所认知，但他未必会在近期购买，那这部分投入是不是有效，短时间内很难衡量，但经过一段时间，作用会慢慢体现出来。以市场的观点来投放，就是以市场所能贡献的产出来衡量投入。

其次，要确立财务的观点。通俗地讲就是有多少钱做多少事，资源和市场相匹配。虽然道理人尽皆知，但在企业的实际运营中却很容易偏离。假使现在有一份很好的营销方案，需要投入50亿元的费用，3年后销售额能达到千亿元，这种投放也是不稳妥的。有些企业能恰巧遇到风口从而青云直上，但这样的概率很小。现在的投资人与过去不同，不是根据企业三五年的运营情况而投资，而是投资企业的商业逻辑和未来潜力，因此造就了一批声势迅猛的互联网公司。他们起步便每年投入

三四十亿元的广告费用，亏损后再继续融资、继续投。这是一种新的思路，但并不值得所有人学习，一家企业还是应该按照常规的道理，结合市场的状况，以财务的观点去规划运营和投放。

郎酒的品牌策略

品牌驱动、产品集中，以明星产品攻占细分市场

在汪俊林执掌郎酒集团的近20年间，他明显感知到中国经济社会正在发生极其深刻的变化，其中多元化是最显著的特征之一，已逐渐成为社会的常态。社会多元化首先表现为利益以及利益主体的多元化。改革开放对经济领域的改革使市场与效率观念、价值规律受到人们的认可和尊重，改革开放赋予了个人利益的合法性，并为每个人在制度框架内追求个人利益提供了平台，形成利益以及利益主体的多元化趋势。不同类型的利益摩擦显性化和常态化，也使社会成员的社会经济地位呈现出分化的态势，这也是郎酒通过产品策略谋求复兴的重要现实基础。其次，与经济利益多元化趋势紧密相关的是当前中国社会的价值观呈现出剧烈的多元化趋势，价值冲突与思想困惑日益加剧。改革开放以后，社会成员的同质性被价值观的异质性取代。伴随着以资本为驱动力的全球化进程加快，传统文化中原本无可置疑的伦理基础被消解，互联网技术的突飞猛进将人们置于一个多元化的价值选择空间当中。价值的多元化包括了思

想观念的多元化、政治理念与追求的多元化、社会舆论的多元化以及社会生活方式选择的多元化等等，是时代与个体发展的必然趋势和结果。

在这样的社会背景下，多元化深刻体现在大众消费市场，消费者的个体意识不断加强，多样化的自我需求亟待满足，产品定位与细分市场诞生的根本原因即在于此。郎酒集团在发展过程中不断精简自己的产品体系，谋求以认知度更高的明星产品攻占不同细分品类市场。"一树三花齐争艳，神采飞扬中国郎"，郎酒品牌新战略在不断探索中全面呈现。

"一树三花"，首先是"中国两大酱香白酒之一"的青花郎，是高端酱酒的典型代表，最新的广告语为"云贵高原和四川盆地接壤的赤水河畔，诞生了中国两大酱香白酒，其中一个是青花郎。青花郎，中国两大酱香白酒之一"。1984年全国名酒评选时，酱酒方面只有茅台和郎酒入选，以目前的酒业现状来看，郎酒作为两大酱香白酒之一的地位毋庸置疑。这样的定位，既有以茅台为榜样向之学习，共同促进酱香型白酒市场的意愿，也有全力塑造青花郎高端酱香白酒形象的期许。

其次是"酱香典范"红花郎，是次高端酱香白酒的第一品牌、中国第一喜庆酒。中高端酱香红花郎定位于中国第一喜庆酒，将使用场景高度提炼，开辟全新的细分品类，瞄准庞大的节庆饮酒市场。红花郎不仅定位独特，市场广阔，与产品自身也高度契合，通过央视春晚的广泛传播，中国第一喜庆酒红花郎的形象深入人心。

而"来自四川·浓香正宗"的郎牌特曲，是中高端浓香型白酒的畅销品牌，其产品定位则瞄准产地四川。四川是中国酒文化的发源地之一，从三星堆的历史见证，到沿用至今的老窖池；从文人墨客的题咏传唱到名酒品牌的发扬光大，四川酒文化以深厚积淀、悠久传承、鲜明特色而闻名。四川盆地因独特的气候、水源、土壤，以及富含微生物的窖泥，被誉为"被酒神吻过的土地"。郎牌特曲定位"来自四川"即宣扬其正宗的血统与优良的品质，更容易打动熟悉酒文化的白酒爱好者。

此外，"全国热销的小瓶白酒"小郎酒，酒体兼香独特，为小酒中的王者，以品类定位，突出"二两一瓶量正好""一年三亿人次喝"，攻占小瓶白酒市场。

总之，郎酒集团的四大主要产品线通过不同的定位方式确立了各自产品鲜明的定位，在品牌驱动发展的战略统领下，有着不同的目标大市场，相互协作推进郎酒的主品牌，新时期的市场布局和深耕运作正在提速深化。

善用媒体、强力传播，广告与公关共同助力品牌

当前郎酒的营销传播策略，从2017年下半年开始到未来5年，在产品保值的情况下，每年投入20亿元广告费用，强力传播郎酒的广告。目前，正在投放的电视媒体有中央电视台黄金资源广告，浙江卫视周五的一档节目冠名，江苏卫视周日的一档节目冠名。户外广告同样加大力度，在中国的高铁、机场，郎酒要做到在5分钟行程以内便会有一条郎酒的广告出现；核心城市制高点地标也一定要有郎酒的广告，在广州小蛮腰、上海外滩、北京王府井都可以看到。而在一线及各大省会

城市，人们生活节奏快，工作时间长，基本没有收看电视的习惯，这部分人群就要用电梯广告来覆盖。而移动端与多媒体，更适合年轻人这些小郎酒的消费群体，对此郎酒也有不同的玩法，如在抖音上做一些新鲜的活动，小郎酒是年轻人喜欢的，那就针对30岁左右的人群去做他们喜欢的传播。

在不断的传播实践中，汪俊林注意到当下社会在呈现出多元化趋势的同时，还呈现出碎片化的动向。碎片化的根本原因是由信息爆炸所致。移动互联网技术经过不断发展迭代，终于在最近几年借由社交媒体的崛起一跃成为渗透到各行各业、人人皆可享受的科技成果，并直接引发了信息生产方式和传播方式的剧变，提升了全社会的信息交换效率。在移动互联网技术的推动之下，自媒体迅速成长茁壮，组织与个体都可以极为便利地生产和发布内容，我们面对着全新的传播环境。

在万物皆媒的时代，传播媒介是碎片化的，全时空覆盖我们的生活，各式媒介填充着生活中的细小缝隙，几乎所有的人类活动场景都有不同媒介见缝插针地传播信息。海量的媒介为了有效攫取受众的注意力，定位逐渐细化而聚焦，曾经的大众媒介纷纷转变为精准针对少部分人群的细分媒介，隐匿在浩瀚的信息海洋中，无疑深化了媒介的碎片化现象。另一方面，传播的内容也更加碎片化。人们在适应了用短小的内容去填补碎片化的时间后，便没有耐心在单一内容上投入更多的时间和精力，由此媒介也将制作更简短、更直白的内容。

汪俊林认为，由于移动互联网和社交媒体的迅猛发展，把握住"去中心化"这一根本特征，才能帮助企业更好地适应当下媒介发展和营销传播的趋势。

在技术的保障下，每个人都可以触手可及地选择自己喜欢的内容和服务，受众开始在意自身的个性化需求和感受，期待着被满足和关注，追求速度的浅表化和泛娱乐化成为当前信息消费的主流。个体意识的崛起削弱了媒体作为内容生产机构的中心地位，注意力的碎片化则摧毁了媒体作为传播渠道的核心角色。空前庞大的媒体数量和多元的媒体类型，每时每刻都在生产着海量的信息，人们的时间被粉尘般的信息切割成碎片，注意力也越来越分散。人们在某一固定媒介上停留的时间越来越短，不停地在不同的媒介间转换。在这种传播环境下，任何渠道想要在受众的时间中占有绝对稳固的地位都不再可能，渠道的碎片化消解了渠道的中心化，给传播带来前所未有的复杂性。

汪俊林认为传播的重要性不言而喻，是企业品牌和消费者之间沟通的桥梁。企业投放广告的首要目标是拉心，获得消费者的认知，占领消费者的心智。企业初期投放广告期望获得一定的消费者认知度和市场占有率，通过广告奠定市场基础非常重要。但广告的效果未必那么直接，可能两三个月过去，消费者也没有明显的变化，因为广告宣传是一个逐渐影响消费者的过程。通过调节人的心智和情绪，让消费者在企业的影响下慢慢转变思想。而宣传的根本在于产品的品质功能要真实。这些产品本身效果好，广告能够帮助产品赢得市场；但如果产品品质很差，而广告讲得很好，消费者体验之后感到被欺骗，广告反而让产品失败得更迅速。

广告通过强攻的方式去刺激消费者，而公关则是以柔和的方式去影响消费者。广告与公关目标一致，二者相辅相成，只投放广告有所欠缺，只开展公关活动力度不够，必须要相互配合进行。公关的目的是拉近与消费者的距离，而不是以一些消极的方法压制对手。压制对手会让企业陷入恶性竞争，是一种非常短视的行为，竞争对手无穷无尽，谁也无法做到压制所有对手。所以竞争一定要在有规则的前提下合理进行，公关应在其中起到积极正向的作用。

广告如同激光，聚焦在一个点上穿透

汪俊林说广告宣传要保证一定的投放力度。如果一家企业目标是做到行业第一，但广告投放力度很小，竞争者投放5亿元，自己只投1亿元，想赶超原本就具有市场优势的竞争对手希望就更加渺茫。1亿元的广告费投放出去，市场未必会见效，许多人便会就此退缩，认为广告无用，犹豫是否要继续追加投放。如果这时停止之前的广告费用就彻底被浪费了，但可能再投1个亿，在前期投入铺垫的基础上，2亿就成功了，所以投放的力度很重要。在制定合适的产品定位与广告投放策略的同时，广告投放应注意把握投放的节奏。

同样的投放力度会有不同的投放方式，有些企业喜欢面面俱到，追求更广泛的覆盖面，也有些企业喜欢更聚焦的投放。汪俊林用一个比喻阐释了自己的看法：万物生长所依靠的太阳固然伟大，而激光只有一点，但它能够穿透钢板，太阳却无法穿透，所以郎酒在广告投放中更希望广告能如同激光，把所有资源集中在一个点上来穿透。把广告费用平均分配来投放，各个渠道会更加均衡，但效果未必好。

投放的档期排布非常重要，灵活的投放往往能以小博大。由于消费者每日接触大量信息，企业向消费者传播的内容难以被消费者记住，许多广告实际上是企业的自我安慰，在消费者心中并没有产生任何效果，因此广告投放的目标是通过反复的刺激让消费者记住。高端品牌更倾向于通过口碑传播逐渐建立影响，需要长期沉淀，润物细无声。而快消品需要暴风雨般的短时间强刺激，尽可能快地攻占消费者心智并唤起行动。郎酒在推出红花郎的时候便是通过短时间节点的大量曝光，即借助春节联欢晚会，成功打开市场。为了拿下春晚的冠名权，郎酒将此前4000万元的冠名资格提升到6800万元，次年达到9800万元。在举国欢庆，喜气洋洋的时节，人们看到适合喜庆节日的红花郎，在契合的氛围中接纳并认可了这个产品，红花郎瞬间红遍全国，这便是短时间强刺激策略的效果。

做品牌如做人，要有信心、守得住寂寞、坚持到底

企业的经营任重而道远。广告投放和品牌传播需要持之以恒的积累，有些成功的广告、公关案例最后市场效果并不是很

理想，就是因为中断了投放，缺乏持续性。企业要从最初就明确最终的目标，以及自身实际拥有多少资源和时间，以选择合适的方向。做企业、做广告，都一定要有耐心。广告不会在短期见效，至少需要半年或者更久，达到理想的效果更是需要3~5年，所以等待是痛苦的，但也是必须的。企业经营更是如此，郎酒所倡导的价值经营便是要长期地、持续地做下去，坚守自己的初心，最后形成经典、时尚、流行品类的趋势。而能够形成永不过时的经典，企业和品牌一定要有核心价值在其中。汪俊林说，很多人在等待中丧失了自己的信心，看到别人都在投放广告，自己却还没见到效果，便怀疑自己过去的策略全是错的，又改个方案重新来。这些企业可能再熬一天就能见到成功，可这一天却很难熬，熬不过去便只能止步成功之前。做品牌，要有信心，要守得住寂寞，要经得起这份考验。做人更是如此，只有坚持到底，才有可能获得成功。

  郎酒集团在坚实的企业管理体系的支持下，通过灵活而迅猛的营销策略，实现跨越式的发展。经过2015年前后的新一轮行业调整，郎酒仍行驶在发展的快车道上，2017年青花郎销售同比增长122%，红花郎同比增长51.8%，奢香藏品系列同期增长160%，郎酒正努力实现品牌的高端化。2018年郎酒销售额过百亿，郎酒集团秉持酒业发展和品牌发展的初心，坚持深化品牌驱动战略，聚焦发展路径，推动战略转型与升级。在汪俊林的带领下，郎酒正在为成为受人尊敬的中国白酒旗帜性品牌努力奋进。

图2　汪俊林课后接受崔永元采访

课 堂 访 谈

崔永元：郎酒公司立志要成为受人尊敬的酒企，而现在国内很多企业做不好就是因为没有这种意识，那企业怎样才能受人尊敬呢？

汪俊林：作为白酒企业，应该给人带来快乐，带来健康，受人尊敬的首要前提是产品质量一定要好；在宣传时坚决反对过量饮酒；要有责任感，品牌对消费者要有责任，对社会也要有责任。作为一个企业家，他要做的第一件事情，是对消费者负责，做有品质的产品；第二是对企业员工负责，一个企业员工会影响一个家庭、一个地区；第三是税收，如果中国企业都积极纳税，国家就有钱，就能解决社会问题，企业也会得到好的发展。所以企业要有责任感地做好这些事情，然后要倡导做公益。

同学提问：西南地区的江小白，和小郎酒的定位其实有重合，对于年轻品牌的崛起，郎酒怎样应对，在未来会有什么样的战略？

汪俊林：我认为江小白是郎酒的伙伴而不是对手，我们是在做新一代的小酒，中国的市场量还不够大，我们需要把这个市场做到1000亿以上的份额，只有一个品牌无法做到，应该有更多的品牌把份额做大。小郎酒的群体定位跟江小白有差异，江小白针对年轻人，我希望小郎酒是针对年轻的商务人士，最近把价格调到2两小瓶30元，我们要做小酒中品质最好的酒。年轻人对江小白的文案特别喜欢，传播费用低，效果也好，从新媒体角度看，郎酒需要学习。

讲座嘉宾简介

汪俊林，男，生于1962年9月，汉族，中共党员，四川仁寿人。1983年毕业于泸州医学院，并留校在泸州医学院附属医院担任临床及科研工作。1992年任泸州制药厂厂长兼党委书记，后组建成立泸州宝光集团，任董事长兼总裁。2001年起任四川郎酒集团董事长，

图3　汪俊林在课上做精彩分享

经过多年的精心动作,带领郎酒集团于2011年突破销售收入100亿元,把郎酒带入中国白酒行业前列。郎酒的超常规发展,被业界称为"郎酒现象"。

主持人简介

崔永元,著名主持人,中国传媒大学教授。1996年主持中央电视台《实话实说》节目,开创中国电视谈话节目先河,后又相继创办了《小崔说事》等栏目。大型电视纪实栏目《我的长征》、纪录片《电影传奇》《我的抗战》《我和我的祖国》总策划。从2002年开始,带领团队收集并整理完成多个领域、近万人次、百万分钟的口述历史采访影像,及大量相关视频、图文和实物资料。2013年入职中国传媒大学任教。

恒源祥对品牌的探索之路

在中国近现代的商业史上，诞生过众多叱咤风云的民族企业、传统老字号。他们虽历经辉煌，随着时代的发展，面对国际国内市场环境的风云变幻，至今屹立不倒的已是少数。然而有这样一个品牌却在消费者脑海中挥之不去，每每提起，眼前甚至会浮现出熟悉的画面。

这个品牌就是恒源祥，曾经以一则广告红遍大江南北。

以毛线生意在上海起家的恒源祥，走过百年风雨后，早已不再是一个简单的毛线商贩，而是深入民心的国民品牌。这个始于1927年的老字号，在移动互联、消费升级等新潮流的冲击下依然保持生机，焕发着老字号独有的光芒。恒源祥董事长刘瑞旗用自己独特的方式，以品牌和文化浸润着一代代的消费者。2018年5月9日，恒源祥董事长刘瑞旗来到中国传媒大学广告学院《企业营销战略》公开课，分享恒源祥品牌的探索之路。

中华老字号的诞生

1927年，从上海杂货店学徒做起的江苏东山人沈莱舟，终于在上海的福州路开了一家自己的店铺，经营绒线生意，字号

图1　刘瑞旗在课上做精彩分享

"恒源祥"，名号取自清朝书法家赵之谦的一副春联：恒罗百货、源发千祥。"恒"意为时间之长度，称为天时，"源"是地理，代表地利，而"祥"则是祥瑞人和，组合在一起的"恒源祥"便是天时地利人和。沈老板的生意越做越大，8年后，沈莱舟又瞄准了当年响当当的"绒线一条街"兴圣街（现在的永胜路），兴圣街位于老城厢的中心商业区，市井繁华、人口稠密，是生意人向往的黄金市口，也被誉为"绒线一条街"。

为了解决资金短缺的问题，心思细腻的沈莱舟发现意大利进口人造丝很受欢迎，于是他在加征关税前的最后一刻将一船人造丝运进了码头，靠着这样的胆识，沈莱舟赚到了15万元的巨资，得以成功进军梦寐以求的兴圣街。1935年，"恒源祥公记号绒线店"在兴圣街与法大马路（今金陵东路）路口挂牌开张。在店面设计上，沈莱舟一改传统绒线店木头柜台、木头壁橱的老旧样式，安上了玻璃柜台、玻璃橱窗，还装上了当时新鲜时髦的霓虹灯，闪烁的彩灯照着五颜六色的绒线，如梦如幻。沈莱舟还引进塑料模特在橱窗里展览，流光溢彩的霓虹灯及风情万种的内衣秀，引得路人纷纷驻足观看，恒源祥成为兴盛街最吸引人的一家商店。在销售策略上，沈莱舟更是妙招频出，花样翻新。顾客凡在恒源祥买绒线一磅，恒源祥就赠送日本竹针一副。恒源祥还重金礼聘编织高手冯秋萍、黄培英坐堂传技，邀请富家太太免费学习，还专门编印了16册《冯秋萍毛衣编织花样与技巧》，免费在店堂派发，富家太太们都成了编织高手，绒线的销量自然大增。

后来，恒源祥遇到了诸如洋货垄断市场等困难，为了寻求突破，沈莱舟与人合资在1935年创办了第一家毛纺厂——裕民毛纺厂，生产地球牌、双洋牌粗细绒线，恒源祥的业务和资本规模得到了迅速拓展。到1949年，恒源祥已经拥有了7座工厂、3家店铺，并在25个行业中参股，成为上海滩上赫赫有名的"绒线大王"，沈莱舟也成为上海毛线行业协会的主席。

在沈莱舟的精心运营之下，恒源祥从毛线商店一跃成为当地的行业翘楚。1956年政府实行公私合营的政策，恒源祥从私营企业转型为国有企业，随着产权关系发生重大改变，其经营范围也大幅收缩，从一个涉足毛纺、织布、染整及其他相关联产业的企业，重新成为一家专营毛线的商店。像许多老品牌一样，恒源祥沉寂了很长一段时间。"文化大革命"期间，恒源祥绒线商店改名为大海绒线商店，直到1978年，才恢复恒源祥绒线商店的字号，而彼时的沈莱舟已是年事已高，无力重振恒源祥的辉煌。

那时谁也没有想到，当企业的掌舵之位交予刘瑞旗之后，恒源祥这块曾受众人敬仰的招牌会重新焕发光芒。

注册商标，广告创新

刘瑞旗出山，装修、促销、打广告

1987年的恒源祥是南京路上的一家百余平方米的毛线商店，店堂狭小，设施陈旧。由于店小利微，积压的绒线销售不出去，店员整天愁眉不展。正是在这种不景气的情况下，29岁的刘瑞旗临危受命，恒源祥虽然是一家小店，但在他眼中却价值无限。

刘瑞旗进入恒源祥所做的第一件事在当时是离经叛道的。他一上任，便决定将店铺中的库存商品削价处理掉，这在某种意义上等同于将国有资产变相流失，其行为在当时受到了批评，但是却给恒源祥带来了流动资金。之后刘瑞旗大张旗鼓搞起了装修，30年没有装修过的店面焕然一新，黑底金字的"恒源祥"老招牌重新光芒四射。刘瑞旗还别出心裁，拿两根大竹针插在两个巨大的绒线球上后摆放在店堂里。1987年9月16日（星期三），《新民晚报》登出了通栏广告："恒源祥绒线商店装修竣工暨店庆五十九周年绒线、羊毛汇展。日期：1987年9月18日至20日"。病榻上的沈莱舟看到这则广告兴奋不已，10天后，他在家中去世。公司选择在周五至周日的时间重新开张，恒源祥装修竣工开张当天，人山人海，积压的毛线销售一空。当年，恒源祥营业额猛增27.35%，利润增加20%。

刘瑞旗随后别出心裁地开创了"引厂进店"的经营模式，把商店的柜台租给不同的生产厂家，销售业绩最好的厂家能够获得最好的柜台位置，销售不好的厂家则有可能被赶出商店。在竞争机制的促动下，恒源祥的销售额在两三年内便翻了10倍。

销售额大增的同时，刘瑞旗开始思考新的问题，恒源祥名气虽响，但毕竟只是一个店铺的字号，是替别人卖产品，起的只是周转作用，产品卖得再火，那也是厂家的荣誉，和店家关系不大。但如果拥有自主品牌，人们就会记住他们的商标名称了。思考之后，刘瑞旗决定为商店注册商标，当时人们的商标意识非常淡薄，主动注册商标者实属罕见，刘瑞旗回忆："我印象中，当时登记注册的费用是两百块人民币。"1999年2月，经国家工商行政管理局商标认定，"恒源祥"商标为中国驰名商标，2002年4月26日"恒源祥"荣获"2001年中国十大公众喜爱商标"，同时获"上海市著名商标"称号。

首创"羊羊羊"5秒重复广告，重要的事情说三遍

注册商标之后怎么做？当时的恒源祥面临着多种选择。因

为规模小，无法与大企业合作，1991年，刘瑞旗在无锡找到了一家即将要倒闭的公司，这是一家最小型的毛纺工厂，"工厂连汽车都没有，当时坐火车到无锡，企业厂长开着拖拉机来接站，拖斗上放一把藤椅，我坐了16公里才到工厂，那个时候还是冬天。"刘瑞旗说。

产品量产推向市场时遇到了困难，人们熟悉的恒源祥是个商店，而不是绒线。为了扩大恒源祥的知名度，刘瑞旗想到要打广告，他带着十万块钱来到了上海电视台广告科，"恒源祥，羊羊羊"的经典广告就是在这样的背景下诞生的。20世纪90年代初中国电视台的广告是15秒为一个单位，而刘瑞旗希望给观众带来直接有效的刺激，打算投放5秒的广告，在多次的接洽中，上海电视台广告科同意拿出15秒的广告分三段来播出，这便是恒源祥首创的5秒广告的形式。当年上海台第一次引进台湾电视剧《婉君》，每晚在两集播出中间插播一段广告，恒源祥买到的15秒广告，在第一集播完放5秒钟，隔一分钟又播5秒，第二集开播前再播5秒，两集中将恒源祥的5秒广告播三次。《婉君》是中国第一部引进的电视剧，收视率很高，其中较长的广告人们都没记住，却记住了恒源祥的广告。由于恒源祥的广告三遍都强调一个信息，播放之后让人记忆深刻，再加上市场上没有其他的羊毛衫企业做广告，到了1992年，销量大增，恒源祥的生意有了起色，逐渐开始赚钱。多年后，恒源祥一直在用这条广告片，只在形式上有所改进，而销售年年大增。

图2 "恒源祥 羊羊羊"广告画面

做品牌不做产品广告

到1996年,恒源祥已经成为中国乃至世界上最大的手编毛线产销企业。在品牌进一步的拓展中,刘瑞旗发现,手编毛线所产生的利润已经无法支撑一个企业的发展,所以恒源祥开始向家纺、服饰、针织、日化等领域拓展,确立了现代恒源祥集团的产业框架。刘瑞旗回想这一段时光,如果当时恒源祥做产品广告,去推广绒线,那给人们的第一印象必然是绒线和羊毛衫,后面的品牌延展几乎没有可能。但因为恒源祥推动的是品牌的概念,到1998年开始延展的时候,恒源祥就有了品牌优势。当时在中国市场销售的毛线产品已经超过5000万种,市场几乎没有扩张空间,但恒源祥的产品延展成功了,以品牌作为导向是成功的重要因素。

在那个时期,刘瑞旗便明确在做品牌的时候不刻意讲自己的产品。毛线在中国是国家二类商品,改革开放以后我们开办了很多工厂，今天大多都已经不存在了，这不是企业经营不善而是因为没有人再编毛衣了。恒源祥所有的毛线工厂现在也几乎没有了，但因为品牌的成功，现在企业依然运营良好。过去大多数的企业都是以产品为主导，他们的广告宣传主要围绕产品的价格、款式、功能，是把品牌贴在产品上。消费者有一个共同的心理特征，便是喜新厌旧，当新产品推出的时候大家都会喜欢新产品，附着在产品上的品牌就会随着产品的淘汰而淘汰。

历经近百年的发展，品牌已经是恒源祥集团最宝贵的财富。世界营销大师米尔顿·科特勒先生，国际品牌联盟副主席、可口可乐首席顾问弗朗西斯·麦奎尔先生，均给予了恒源祥品牌高度的评价，并称赞恒源祥是中国的"可口可乐"。

品牌是记忆，文化是习惯

恒源祥通过广告让消费者所知，企业在发展的过程中也一直有力地运用广告。然而到20世纪90年代末，毛线市场不景气，利润减少，恒源祥无力承受不断上涨的广告费，刘瑞旗决定转换方法，创新企业文化，用文化做品牌。

刘瑞旗认为，品牌是记忆，文化是习惯。企业可以改变已有的思维模式，用文化互动的方式与消费者沟通。无论是产品的创新还是慈善公益项目，恒源祥都希望用文化驱动的力量带动品牌发展，紧抓品牌定位、质量把控和消费者感知。另外，恒源祥希望艺术与品牌结合，从而将品牌打造得更具现代文化特征，促进南北地域甚至是国内外的文化互动交流。

专注文化和品牌的国家级研究

恒源祥为了赋予品牌文化内涵，近年来开展了一系列关于品牌与文化研究的项目。2009年，恒源祥向上海市科委申请了"品牌创新方法的研究"项目，由企业来承担品牌创新方法的相关研究。恒源祥集团于2010年承担了科技部重大软科学项目——"国家品牌战略问题研究"课题，并计划用10年时间，投入1亿元的资金持续对品牌与文化开展研究，为国家提供品牌和文化的理论支持。

2011年1月1日刘瑞旗正式退出一线，离开总经理岗位，专注探索什么是文化，什么是品牌，要持之以恒地做文化和品牌两个课题，他认为除此之外，恒源祥没有第二条出路。

2012年，恒源祥继续承担国家科技部重大软科学邀标项目，成立专门的课题组，对"国家品牌与国家文化软实力研究"这一课题进行了深入的解析和探讨，界定了"品牌是记忆""文化是习惯"的概念，提出文化是国家品牌的个性、灵魂，是国家软实力的核心。文化传承和创新决定了国家品牌和国家文化软实力的发展，同时国家品牌和国家文化软实力在开放、竞争环境之中形成了相互叠加、相互耦合、相互协同的互动关系。

2013年8月，恒源祥（集团）博士后科研工作站获得政府部门批准，成为全国专注品牌、文化研究的现代服务业博士后工作站，恒源祥开辟了企业进行国家品牌研究工作的先河，希望通过对国家品牌和国家文化研究的持续投入和开展，探索出以国家文化为基础的国家品牌建设之道，最终推动改善中国品牌发展的市场制度和环境，推动国家、政府层面对中国国家品牌和中国文化发展战略的制定和实施，推动更多的中国企业和中国品牌走出国门，走向世界。

方向：时代新课题

感官营销实践和研究

人们都知道1984年中国第一次参加奥运会，拿下第一块金牌的是许海峰，但拿下第二块金牌的是谁却没有人能记得，这就是记忆的规律。恒源祥的广告为什么能让人们记住？刘瑞旗找到一位美国毕业的中国科技大学教授，研究"恒源祥羊羊羊"广告作用的原理是什么。研究认为，消费者的印象是来自五个方面：视觉、听觉、嗅觉、味觉和触觉。人类在听到声音时，进入大脑的首先是音乐，当人们通过逻辑思维不能处理汉字的时候，它会在0.2秒内退出，转换为形象思维。刘瑞旗认为可以在广告中赋予特殊的声音。"恒源祥"这几个字很拗口，刘瑞旗在录音室找到一个人配音，要求反复找感觉，最终效果出乎意料的好。

在品牌感官研究方面，恒源祥是中国几个起步较早的企业之一，刘瑞旗认为，品牌是消费者五种感官综合起来的一种记忆。1992年恒源祥的5秒标版广告中三声"羊羊羊"童声，刘瑞旗将其称为是恒源祥的"声品牌"，三声颇具中国特色的童音，增加了消费者对品牌的亲切感。感官营销无处不在，现代的营销正通过视觉、听觉、嗅觉冲击着人们的大脑，全球品牌营销正进入感官营销的全新时代。

刘瑞旗说："我是在2001年产生的这个想法，然后一直在思考这个问题。最早对我有所启发的是2005年诺贝尔奖第一次颁发化学的气味奖，颁给了芝加哥大学的两位师生，其中有一种味道是用柚子做的香水，在同一个人身上喷有柚子味道和没有柚子味道的香水，让其他人判断该者的年龄，结果最大可相差9岁。人们认为身上有柚子味道的更年轻。"刘瑞旗意识到嗅味觉的重要性，他力主将美国嗅觉味觉年会搬到中国召开，每年有200位科学家共聚一堂研究嗅觉味觉，并召开全球感官品牌论坛的会议，由恒源祥、莫奈尔化学感官中心、欧洲化学感官中心、日本化学感官中心和中国科学院北京生命研究院等组织共同参与，到现在已经开到第七届。

图3　恒源祥积极推动感官营销的研究

刘瑞旗的计划是要做综合交叉的感官印象研究，这是全球很前沿的课题。人通过五个感官接收信号，按照欧洲实验室的科学数据，视觉得到的信号占72%，听觉占13%，嗅觉和味觉占8%，触觉占7%，这几个感官所接受的信号会在大脑中产生联想，而印象是相交叉的。恒源祥的目的不是研究视觉系统、听觉系统，而是要找到一个综合交叉的感官印象。

中国品牌全球造

刘瑞旗认为让恒源祥的品牌走向世界有点不现实，但恒源祥的产品可以是全球造。中国消费者常常跑去国外旅行、购物，买完之后还要从国外背回来，费事又费力。这样的操作如今可以被最大程度简化，中国的民族品牌通过组合全球最优质的产品和产业资源，开启了"全球造"。消费者在国内就能买到世界制造的优质产品，质量和工艺不输国外大牌，价格却更便宜。在"第十一届中华老字号博览会"上，恒源祥就展出了一系列全球造的产品，包括澳大利亚造羊驼毛床品，英国造羊绒大衣和羊毛围巾，意大利造丝袜，泰国造乳胶枕等。2016年7月26日，恒源祥集团旗下的彩羊品牌与泰国泰橡集团在曼谷签约，打造独立知识产权的创新单品，因为乳胶原料具有的特殊性，唯有当地加工才能保证最佳品质。恒源祥如今已在泰国自建工厂，扩展乳胶的品类和产品。

恒源祥正加紧组合全球最优资源，把世界上最好的产品体验带给中国的消费者。恒源祥已通过线上和线下终端的建设，实现了全国31个省市自治区销售的全覆盖。另外，其借助电子商务平台，让"上海购物""上海服务"成为全球消费者的体验。在2018年初发布的"2017年天猫海外成交覆盖国家地区数最多的十大老字号"榜单上，恒源祥以覆盖 188 个国家和地区位列榜首。恒源祥这个民族品牌已经 91 岁了，但它并没有衰老，而是生机勃勃，进入了新的时代。

《恒源祥 21 世纪战略蓝图》指出，人类的物质需求已经基本得到满足，正在向满足情感、精神需求的生活方式转变，人类正在进入"心时代"。恒源祥将在下一个百年，围绕"心时代"的生活方式，努力为消费者提供更好的品牌和文化体验。

课 堂 访 谈

史小诺：恒源祥现在的主业是什么？

刘瑞旗：1995 年一个媒体记者采访我，说恒源祥未来会是什么样的？当时恒源祥主营毛线业务，但我告诉他，"五年前我不知道恒源祥今天是这样的，今天也不知道未来恒源祥做什么，可能甚至会造飞机大炮。"企业最重要的资产是品牌。如今社会发展分工越来越细致，自己擅长什么就做好什么，所以恒源祥未来会持续在品牌的概念上深耕努力，让这个品牌可以给更多的企业享用，为社会带来价值，为消费者带来利益。

史小诺：品牌无形的价值非常大，咱们最开始投广告的时候一下就拿出十万块钱，那个时期有这种意识还是挺难的。什么阶段做什么样的选择，怎么开始都很重要，从后知后觉到先知先觉，中间的跨度好跨吗？

刘瑞旗：其实我在 1995 年就发现毛线产业即将进入衰退期。

1991年开始用恒源祥品牌做毛线，1995年已经很出色了，当时还专门请学者和专家召开恒源祥现象研讨会，因为我觉得，一个卖毛线的商店，经济效益特别好，在短短5年时间内成为全球最大，这是天花板。恒源祥做到顶峰的时候应该是1996年，已成为全球最大的毛线产销企业。但其实在1995年，我们已经看到不可能持续了，因为当时中国高档毛线市场恒源祥占23%的份额，已经能看到市场空间不大了。我就召开恒源祥现象研讨会，研究我们恒源祥的品牌道路，1996年召开了商标战略研讨会，组织最高层次的人员讨论恒源祥的商标战略。到了1997年，又请复旦大学、比利时弗兰德公司一块合作做多品牌运营、飞利浦单品牌运营对恒源祥未来品牌运营的启思研究等，通过研究后懂得品牌的意义。一个人、一个组织，包括学校最终都建立在品牌上，品牌是一个记忆，如何让别人记住你，这非常重要，但过程很复杂，是一个系统工程。

图4　刘瑞旗课后接受史小诺采访

讲座嘉宾简介

刘瑞旗先生现任恒源祥（集团）有限公司董事长，兼任国际武术联合会名誉副主席、中国工业经济联合会主席团主席、中华商标协会副会长、中国拉丁美洲学会副会长、中国宗教学会副会长，曾任国际毛纺组织中国国家委员会主席等职，曾荣获全国劳动模范、全国五一劳动奖章。

刘瑞旗先生被誉为"中国品牌经营第一人"，曾先后完成国家重点软科学项目《国家品牌战略问题研究》《国家品牌与国家文化软实力研究》等。此外，因为刘瑞旗先生在中意、中法两国文化交流等方面做出的杰出贡献，分别被意大利总统授予"意大利仁惠之星骑士勋章"、被法国总统特使授予"法兰西共和国文学与艺术骑士勋章"。

主持人简介

史小诺，1995年毕业于中国传媒大学播音主持专业。从2002年至今，担任中央电视台财经频道《经济信息联播》《全球资讯榜》主播。2015年创办纪实类财经人物纪录片《遇见大咖》，担纲节目制片人、主持人。《遇到大咖》以记录拍摄手法、独家贴身跟拍柳传志、王石、董明珠、刘强东、潘石屹等30多位中国企业界顶尖领军人物。2017年底，她出版了首部随笔集——《40而立，也不晚——遇见大咖背后的故事》，讲述了大咖们鲜为人知的阅历和"小咖"40而立的奋斗史。

方太导入传统文化的实践

2017年,一封温馨的"油烟情书"在网络上广泛传播,影片从油烟的角度讲述了一个跨越50年的爱情故事,感动了许多观众。故事背后的方太,已经不止一次成为朋友圈里的热点。22年来始终专注于高端厨房电器研发与制造的方太集团,屡屡因为别出心裁又真挚温暖的广告片受到人们的注目。在每则广告片的末尾,都会写着四个字——因爱伟大,这正是方太的品牌理想。

多年来,方太致力于为亿万家庭提供优质的产品和服务,打造健康环保有品位的生活方式,享受更加幸福安心的生活,现拥有吸油烟机、灶具、消毒柜等九大产品线,坚持用创新的设计关怀顾客,用温情的故事感动顾客,提醒我们回到最本真的爱与幸福,感受世间的美好。

在方太崇高而宏伟的品牌理想背后,是为人称道的以中华传统优秀文化为核心的企业文化体系。2018年4月18日,方太董事长兼总裁茅忠群来到中国传媒大学《企业营销战略》公开课,分享方太导入传统文化的实践。

文化自觉：找到方太的方向

发展初期定位，民族的高端厨电

茅忠群 1994 年毕业于上海交通大学，获得电子电力技术专业硕士学位。毕业后，茅忠群应父亲邀请回家创业。茅忠群的父亲茅理翔是著名企业家，1985 年创办慈溪无线电元件九厂，被誉为"世界点火枪大王"。但因为点火枪行业经历了惨痛的价格战，茅忠群决心选择一个更大的行业重新创业。经过大半年时间的市场调研，他们最终选择了吸油烟机，并准备通过吸油烟机进入更广阔的厨房电器市场。在市场调研过程中，茅忠群发现了一个严峻的现实：在整个家电高端市场，都是清一色的洋品牌。由此他确立了自己的梦想：方太要么不做，要做就做家电行业中国人第一个自己的高端品牌。随后，1996 年方太成立。

方太的创业，便是从这样的一个梦想起步的。吸取了父亲第一次创业的教训：没有自主品牌、自主技术，即便是世界产销第一的点火枪依然无法走得长远，茅忠群决心一定要打造中国高端厨电领域第一品牌。从那时起，方太就以创新文化作为发展的第一动力。

首先，产品要创新。方太进入吸油烟机行业时，中国已经有 250 多家吸油烟机厂，市场竞争极其激烈。但在市场调研中，方太的技术人员发现了市场的一些弊病：中国的吸油烟机几乎都仿造国外，并有六大类问题比较集中。于是方太决心要创造符合中国人品位与习惯的、中国人自己设计的吸油烟机。经过细致的调研、用心的设计与夜以继日的研发，方太自主研发的第一台吸油烟机一经上市便一炮打响。

22年来，方太始终把产品创新作为引领发展的方向，进而引领整个行业的潮流。产品的创新依托的是技术创新，方太拥有600多位研发人员，有上千项专利，专利数量在行业位于翘楚地位。与此同时，方太在全球多地创办研究院，积极推动产品创新。

图1 方太名誉董事长 茅理翔

其次，品牌要创新。在产品创新的基础上，还需要品牌的支撑。品牌是企业的一面大旗，也是塑造百年老店之根本。方太能够在过去22年里经受住市场考验，成为行业领导品牌，奥秘还是在于创新。市场经济是品牌的时代，在琳琅满目、数以万计的品牌当中，大家认同方太的品牌，便会愿意为方太的服务、文化、安全、信任埋单。

方太在创立之初确立了品牌的三大定位：专业化、高端化、精品化。首先，专业化。当今是专家的时代，人们在能力范围内会更倾向于专业的服务，方太立志把业务做专、做精、做强，向社会承诺做厨电专家。其次，高端化。方太进入吸油烟机行业的时候竞争已经非常激烈，大家都在同一个领域里面打价格战而没有一个领导品牌，于是方太决心开辟蓝海。蓝海战略关键在于高科技的支撑，品牌要有高端定位，必须依靠强大的研发实力，不断地创造新的产品引领行业的潮流。最后，精品化。既然品牌是专业的、高端的，产品理应是精品，所以方太的设计要精、制造要精、工艺要精、服务要精。

突破瓶颈，导入以儒家思想为核心的传统文化

2000年前后，方太由快速增长进入瓶颈期，有两年时间业绩没有显著增长，经公司内部分析，大家认为是管理的滞后导致了企业发展的停滞。于是董事长茅忠群在2000~2002年期间去中欧国际工商管理学院攻读EMBA以寻求突破，后又将目光投向国学，去清华、北大上国学班。以前上学时对语文没有任何兴趣的他，通过这次学习，对国学产生了浓厚的兴趣。经过持续不断的学习，茅忠群在国学的熏陶下豁然开朗，发现传统文化为方太的发展指出了一条明路，值得让全体员工一起来学习。

图2　方太企业孔子堂

2008年，方太开始全面导入以儒家思想为核心的中华优秀传统文化。由于方太之前采用西方的管理方法，导入传统文化后有了一定的难度和挑战。茅忠群投入了十年时间探索如何在西方的管理体系中加入传统文化的理念与教育，并将二者融合，避免矛盾与冲突。茅忠群一方面不断深入学习理解传统文化，另一方面不断地总结，慢慢地整理出一个体系——即中华优秀传统文化与现代企业管理完美结合，具有系统性、整体性、传播性与可复制性的管理体系。

文化自信：国学的汲养

明确企业的使命、愿景和价值观

茅忠群认为，做企业，我们可以问三个问题："为什么""成什么""信什么"。"为什么"就是我为什么要创立这家企业，我创立这家企业的目的跟意义究竟是什么。"成什么"就是我要成为一家什么样的企业。"信什么"就是我相信什么，企业的信念是什么，信仰是什么。这三个问题的答案就是企业的使命、愿景、价值观，可以理解为"企业的三观"。

使命：为了亿万家庭的幸福

方太此前延续22年的企业使命是"让家的感觉更好"，2017年底全面升级企业使命为——"为了亿万家庭的幸福"。

这一次升级是因为方太有了更高的追求和理想。茅忠群认为仅仅提供高品质的产品已经不够了，更要创造有意义的美善的产品，而且要提供有意义的幸福服务，让顾客及其家庭真正幸福安心，也将中华优秀传统文化传播给所有方太人、合作伙伴和广大顾客以及更多的人。"家庭"的内涵较广，首先是指顾客的家庭，然后是员工的家庭、合作伙伴的家庭、方太大家庭乃至于祖国大家庭、人类大家庭。茅忠群认为尽管使命的实现有非常长的路要走，但是方太不怕苦不怕难，只要找准正确的方向，就能脚踏实地地一步一步朝着这个方向前进。

图3 方太新使命——为了亿万家庭的幸福

愿景：成为伟大的企业

愿景是企业的长远目标。2014年的时候，茅忠群已经学习传统文化10年。他问自己一个问题：究竟什么样的企业才称得上伟大的企业？西方认为企业是一个经济组织，企业的目的是为了利润最大化或者股东利益最大化。但以他多年学习传统文化的经验来看，企业不仅仅是经济组织，还是一个社会组织。作为一个经济组织，当然要满足并创造顾客的需求，但作为一个社会组织，要积极承担社会责任，不断导人向善，促进人类社会的真善美。中国企业家对企业应该要有这样的一种认识。

核心价值观：人品、企品、产品"三品合一"

方太的核心价值观"人品、企品、产品'三品合一'"。"人品"包括道德品质，职业品质和工作品质。道德品质就是五常："仁义礼智信"；职业品质就是"廉耻勤勇严"；工作品质有"主动担责、自动写作、不断创新、追求卓越"。"企品"也是三个方面：经管品质、雇主品质、商誉品质。"产品"同样是三个方面：设计品质、制造品质和服务品质。三者相辅相成，缺一不可。

如果用一句话概述方太的文化便是：以顾客为中心，以员工为根本，快乐学习、快乐奋斗，促进人类社会的真善美。

管理制度与文化适配

中国的企业在经营实践中，常常发现应用西方管理模式的

41

效果并不如西方企业那样有效。对西方管理的理解停留在制度管理上，是一种误解。事实上，西方管理是制度与信仰的内外协调作用。西方人从小接受宗教的熏陶，认为上帝有戒律，人们应严格遵守。内心的自我约束与外在的制度管理相配合才是管理的奥秘所在。因此，中国人也需要自己的道德教化。西方人信仰宗教，中国人信仰文化。

《论语》有云："道之以政，齐之以刑，民免而无耻；道之以德，齐之以礼，有耻且格。""道之以政，齐之以刑，民免而无耻"可以理解为法家思想，用正义刑法来管理，老百姓会因为害怕受到刑罚的制裁而避免犯罪，但没有羞耻感；"道之以德，齐之以礼，有耻且格"是儒家思想，一手是道德的教化，一手是礼制的规范，有羞耻心自然不会逾越规矩。这便是传统文化更适合民族企业的根本之所在。茅忠群称为"德法管理"，一手是德、一手是法，二者兼备方能实现更好的管理。

文化践行：以仁爱关照社会

文化奠基的管理之道

心本经营

从西方的泰勒管理开始，早期的企业把人当做工具使用。

随着不断的探索与反思，现代管理讲求以人为本。如今几乎所有的企业都在推行以人为本的管理，但没有明确的是，以人的什么为本？从积极的角度看是以满足人的基本需求为本，从消极的角度看是以满足人的无限欲望为本。而从传统文化来看，这种观点略有偏颇。传统文化认为以人为本是以人心为本，以心灵的成长为本。只有心灵、生命的成长才能让我们真正的幸福。论语里讲"修己以安人"，企业家、管理者修好自己的内心，而后去安员工的心、安顾客的心、安客户的心。传统文化还传承了一种义利观，认为"义利合一"，"利"从"义"中来。只要企业做好符合道义的事情，做好应该做的事情，那么利润就在其中。义是因，利是果。

要让员工真切地感到幸福，让员工获得物质与精神双丰收、事业与生命双成长，企业营造环境，员工创造幸福。方太公司尽力为员工营造具有安全感、归属感、使命感、成长感、成就感的环境，推出福利关怀近40项，包含社保类、商保类、生活类、健康类、文体类、学习类、休假类、情感类等多个方面。比如社保类除了"五险一金"还有商业意外险、出差意外险、补充医疗险等；生活类包含了首房贷、车贷、车补、租房补助、免费住宿、免费班车、助困基金等；情感类包含长期服务奖、回家看看、新婚纪念、家属开放日等。

品德领导

"领导力"是管理中的一个重要概念。传统文化中塑造领导力唯"品德"一条途径，不断提升管理者的内在品德，领导力便会不断提升。如《论语》所讲，"为政以德，譬如北辰，居其所而众星拱之"。

教育熏化

为了更好地在企业上下贯彻落地文化，方太积极开展内部教育，倡导潜移默化的学习。如诵读经典，方太全体员工早上上班后先用 15 分钟来读经典著作，包括《论语》《大学》《中庸》《弟子规》《三字经》《了凡四训》等。除了读经外，企业内部还设立文化大讲堂、方太人报、线上课堂、标杆学习会、微信学习群等。在这样的日积月累下，方太的企业文化逐渐深入人心，员工对传统文化有了自己的感悟，并慢慢受其感染。自方太推行传统文化后，员工的违规率持续下降，企业内部的风气获得明显改善。

积极承担

从 2006 年开始，方太每年出刊《社会责任报告》。2017 年纳税近 10 亿元，累计纳税 50 亿元；建立了完整的合规体系，全方位监督企业的行为符合各项法律法规；推动企业与员工、与社会、与环境和谐发展；积极从事慈善公益事业，近几年每年捐赠千万元以上；以弘扬传统文化为己任，设立"青竹简国学推广计划"，每年会举办如"论语 100"、"我陪孩子读经典"、"国学图书室"等传统文化活动。

图4 我陪孩子读经典

文化指引的传播落地

品牌理想

在企业文化和国学经典的指导下,方太确立了"因爱伟大"的品牌主张,致力于传播爱与正能量,并导人向善。在方太眼中,伟大不仅仅是拥有举世瞩目的成就,还是在家常小事中无私的付出,细致入微的关爱,体贴照顾家人,让家人感觉幸福满足。

因此,方太的营销活动也处处贯彻着企业"因爱伟大"的人文关怀。2017年,方太推出广告"油烟情书",以李建国、丁琳夫妻50年来往的书信作为底色,讲述了他们从恋爱到结婚,从"我们俩"到"我们仨",再逐渐到老的平常故事。书信的往来,是父母对儿女的牵挂,是男人对女人的表白。在泛黄的信纸上，一字一句都是一起生活的油烟世俗，书信的展开便是人生的舞台。观众沉浸到这段纯真质朴的爱情里面，羡慕那样平淡和相互陪伴的日子，营造一种岁月中的烟火气，传达"油烟是爱的印记"这一主题。广告以结尾的文案最为点睛：为你吸除油烟危害，只为留下柴米油盐中的爱。

中餐独特的烹饪方式造就了油烟，而方太在其企业文化的浸润下造就了油烟新的概念，让油烟等同于爱的印记，对油烟浪漫化的设定不仅大胆，且体现着方太作为一个中式文化倡导者的独特视角。油烟被吸走体现产品的强大，而弥漫在空气中的人情味，是爱的弥漫。通过关注家庭生活当中那些柴米油烟的日子，一反人们对于油烟的厌恶，将一日三餐在厨房当中与油烟共处的时光，看成一个家庭每天平淡美满的生活，在情感上走近消费者，引发他们对于家庭和爱的思考。

平凡因爱而不凡，成为方太品牌的价值观，融汇在企业的上下内外。

产品从用户出发

以顾客为中心，就是要以仁爱之心对待顾客，要让顾客动心、省心、放心、舒心、安心，打造无与伦比的顾客体验。方太坚持用仁爱之心创美善产品，在看到一则厨房油烟加剧家庭主妇肺癌风险的报道后，决定修改此前风量、风压的研发指标，开发真正有效吸油烟的产品。茅忠群确立了两项测量标准：在菜刚下锅油烟最大时黑色背景前白色的油烟肉眼不可见；炒辣椒闻不到辣椒味。在这两个标准的指导下，方太历经三年开发出"风魔方"产品，自 2013 年上市，直到今天仍是全国油烟机畅销榜冠军。在企业文化的引领下，方太在关爱顾客的道路上不断探索，随后又相继推出了自动巡航、下潜环吸的"云魔方"，双擎强排的"星魔方"，化解下厨时的后顾之忧。

仁爱之心也贯彻在方太水槽洗碗机的研发中。在市场调研中，方太发现使用洗碗机的消费者，面临厨房空间不足、每次洗碗都要弯一次腰、清洗时长超过 1.5 小时等五大痛点。方太耗费两年时间构思出将洗碗机与厨房水槽结合在一起的创意，再附加清洗瓜果蔬菜，去除农药残留的功能。之后又历经三年时间研发，最终产品的安装像水槽安装一样简单，洗碗不用弯腰，清洗周期缩短到 28 分钟，所有痛点一次解决。方太的水槽洗碗机集合了多项全球首创的创意与技术，囊括一百多项专利。上市当年，市场占有率达到了 18.8%，到 2017 年，方太洗碗机市场占有率已经高达 41%，一跃成为洗碗机行业一匹耀眼的领头羊。轻松省事只是最低要求，洗净瓜果去残留才是方太想给顾客的安心。

复兴传统之美

在躬行实践企业文化精神的同时，方太也积极地将自身对于中华传统文化的理解与感悟向大众传播，通过广告艺术的形式传承经典，弘扬精粹。

2016 年方太的中秋广告将洗碗机、吸油烟机、烤箱的文案以宋词入画，平仄韵律严格遵守宋词的创作规则，以极致的古典美令观众大呼惊艳，而选取的三个词牌名既包含方太产品，又富雅趣。

图5　方太2016年中秋广告画面（1）

图6　方太2016年中秋广告画面（2）

《点绛唇》

金风秋实，郁郁香秾频频顾。

兰心小躇，微瑕怎堪入。

飞流纵驰，时光不相误。

斜阳暮，琼浆凝露，

　　君在归时路。

不忍素手洗杯盘，爱若无缺事事圆。

《蝶恋花》

桂枝新妆芙蓉面。淡扫娥眉，花颜镜中鉴。

似有雕车待堂前，却执五味烹家宴。

何惧飞烟染罗衫。一瀑流云，直上九重涧。

青丝红袖芳如兰，不负金屋藏落雁。

岂容飞烟染罗衫，爱若无缺事事圆。

《相见欢》

温酒对坐西楼，宴清秋。

玉瓶几度轮转几度休。

月需圆，人需瘦，何处求。

又道今日贪欢明日酬。

怎堪俗艺敬婵娟，爱若无缺事事圆。

　　词的内容上，都是从丈夫的视角出发，描写女子在厨房的心思：想吃水果又害怕细菌残留、想吃美食又怕胖、想下厨却又怕弄花妆容。配合这些词句，视频细腻地展现了三种"甜蜜的"困扰。解决困扰的方法则是在视频后半段登场的"四面八方不跑烟"的智能油烟机、"岂止会洗碗，还能去果蔬农残"的水槽洗碗机和"层层处处都同温，简单烤出不简单"的同温烤箱。

素净的古风画面，浅吟悠扬的宋词旁白，舒缓的节奏氛围，铺垫而出静好的日常画面，给人一种"杨柳岸，晓风残月"似的传统中式和谐，轻抚华夏儿女心中那寸爱与幸福的纯净之地。琴瑟和好的美意，在宋词中表现尤甚。方太此番对宋词的演绎，并非单纯渲染中国风的氛围，三阕词言之有物，契合方太产品信息。国学经典与传统艺术的表现形式极具新意，既让传统文化重新焕发魅力，又保持方太一直以来的格调，同时有效宣传产品。

中秋阖家团圆是古人留下的传统，然而由于忙碌打拼留下爱的缺憾是当代人的现实与无奈。

方太并没有着力在行为或形式上讲述家庭团圆，而把主题落在了"爱若无缺事事圆"七个字，提出了全新的"爱的哲学"，阐释中秋的另一种韵味——只要爱不缺席，生活就是圆满的，抚慰了现代人高压之下的内心，同时也撩动着他们对美好生活的追求。这样的人文关怀体现着方太"因爱伟大"的品牌主张，坚持和中国女性群体站在一起，关照她们的厨房生活与精神世界。根植于企业中的温润如水的传统精神，最终将折射在方太的传播活动中，树立方太传承经典、重视国学、有所追求的企业形象。

文化引领：照亮明日之路

曾几何时，企业只要买下报纸的广告版面或者是央视的黄金时段，就能够打开市场，获得畅销。时代的车轮滚滚前进，随着中国加入世贸组织，世界知名企业接连入华，中国的市场不断成熟，企业的营销方式也逐渐系统起来，遵循各式营销理论与模型。而如今，这些饱经检验的金科玉律也渐渐不能适应新的市场与消费者需求。

一方面，我们所处的时代是物质极大丰富的时代，各级细分市场逐渐饱和，消费者获得充裕的选择余地但也承受信息过载的负担，意味着任一品牌都难以在激烈的同质化竞争中唤起消费者的认知。另一方面，消费者的精神需求日趋旺盛，人民追求美好生活的愿望强烈，仅仅提供物质功能的产品无法获得消费者的青睐。在这样的时代背景下，营销需要以文化作为凝聚与引导，前后关联，内外协同，满足消费者物质、精神的多重需求。

方太在以企业文化引领发展的十多年间保持快速发展，持续引领行业，不但积极拓展产品线，创造出水槽洗碗机、智能升降油烟机、消毒柜、蒸微一体机等真正关怀顾客的创新产品，获得市场的广泛认可，也推出了《妈妈的时间机器》《油烟情书》《爱若无缺事事圆》等感动人心的广告片。在方太的产品、营销传播、线下活动中，我们都可以感知到这家企业的形象与精神：创新、可信赖、有追求；真正地承担起社会担当，诚挚地导人向善。这是企业文化对方太的引导，也是方太给我们的感动。

课 堂 访 谈

艾诚：您希望基业常青地把品牌经营好，但什么样的智慧或者勇气可以让您笃定只做厨电呢，谁能在1996年看到未来的消费升级，在家电行业整体下滑的时候厨电却上涨呢？

茅忠群：我没有看那么长远，但当时进行了一些分析。选择吸油烟机有三个原因：一是吸油烟机行业在高端市场上没有洋品牌，如果我们做高端就是进入蓝海市场。二是我预判到吸油烟机会成为一个家庭必需品，那时候很多农村，甚至有一些像武汉这样的城市还在用换气扇，但是我坚信吸油烟机是家家户户要用的。三是那时吸油烟机正好处在一个刚刚转型的关键时期，早期是薄型机，我们入局时正好是要转型深型机，过去的一些市场生产者都在做薄型机，一下子转不过来，我们抓住了机会。而方太一成立的时候就确立了三大标准：专业化、高端化、精品化。专业化一直根植于方太的基因里和文化里。比如我自己能力不大，但如果专心致志做一件事情，一定能够做到极致，这是我对自己的认识。企业的战略、定位也是如此，所以22年方太一直专注于厨房电器。

艾诚：在A股市场中，厨电企业一直是明星，方太完全达到了上市的标准，但您为什么一直拒绝资本、拒绝上市？

茅忠群：主要有两个原因：一个是资本总是比较追求短期利益，我不想受它的影响。一个更重要的原因是后来我们开始导入传统文化以后，下决心一定要把中华优秀传统文化跟现代管理结合的模式开发出来。就好像是科学家做实验，他会最大限度地把其他干扰因素消除掉，实验结果才能很好地表现出来。我也在做这样的实验，我做这个实验也要把各种其他有可能的干扰因素给去除掉。只要我还在这个实验中，就不考虑上市。

艾诚：现在最流行的概念比如新零售、物联网、区块链，和方太一直所倡导的传统文化完全是不同风格的概念，脱离了潮流的厨电有未来吗？十年之后厨电会是什么样的？

茅忠群：其实只要问一个问题：十年后家里还有没有厨房？如果有厨房就还有未来。我觉得厨电行业跟零售业态的变化不是一个事情，零售业态的变化是零售企业的事情，厨电行业最关心的是把产品做好、把服务做好、把文化做好。至于怎么销售，零售怎么做，我们是和零售企业合作，而制造企业需要做的就是四个字：顺势而变。

图7　茅忠群在课堂上与艾诚对话

讲座嘉宾简介

茅忠群，1996年与父亲一道创建宁波方太厨具有限公司并担任总裁至今，2012年任方太集团董事长。担任中华全国青年联合会第十届委员，中国五金制品协会吸油烟机分会理事长，中国房地产及住宅研究会住宅设施委员会副理事长。茅忠群一贯重视以产品创新引领消费潮流，以战略性品牌管理推动企业长远发展。在战略决策、产品创新、企业文化和卓越绩效模式等方面具有独特理解和超前意识。他致力于将中华优秀传统文化与西方现代管理成功完美结合，提出了"中学明道，西学优术，中西合璧，以道御术"的管理方针，并在企业管理实践中进行了有益探索。

图8 茅忠群课上精彩分享

主持人简介

艾诚，艾问创始人、投资合伙人，国内外财智盛会常邀双语主持，《艾问人物》出品人，著有中信出版社出版的《创业不死法则》《创业的常识》《奋斗是一种信仰》，热衷小红裙女性公益和传媒创新研究。曾任中央电视台驻纽约财经评论员、世界银行国际金融总公司投资顾问。2017年《福布斯》30岁以下30位亚洲青年；2016/2017两年度中国公益人物奖；2012年在波士顿入选世界经济论坛全球杰出青年；2010年在哈佛大学接受媒体创新之星奖。

飞鹤的营销攻心战略

2008年中国婴幼儿配方奶粉的质量安全事件，不仅在国内引起了全民关注，也引起各国高度关注和对乳制品安全的担忧。国家质检总局公布对国内乳制品厂家生产的婴幼儿奶粉三聚氰胺检验报告中，有22个厂家的69批次产品中都检出三聚氰胺，其中不乏全国知名品牌。该事件重创中国乳业商品信誉，多个国家禁止了中国乳制品进口。

2008年9月的中国乳制品行业就像刚刚过火烧焦的荒野，萧索凄凉，仔细看去，在死寂的大地上，仍然有生命，并且是顽强而坚韧的存在。2008年9月底，国家质检总局公布了一份名单，是全国未检出三聚氰胺的合格奶粉的87家企业，黑龙江飞鹤乳业名列其中。

十六年时间，飞鹤的销售额从3000万元做到100亿元，飞鹤也成就了很多全国第一，牧场、工厂布局及设备全球领先；2012年将生产基地全部迁移落户在北纬47度，锁定全世界公认最佳奶牛饲养带；2015年启动全球国际布局；2017年推进品牌国际化。一个黑龙江的地方乳企，如何一步一步走向全国并引领行业发展？2018年5月30日，飞鹤乳业有限公司董事长冷友斌来到中国传媒大学广告学院《企业营销战略》公开课，和大家一起探秘飞鹤成功的秘籍，分享如何从种植、养殖、加工一体化产业链的布局开始，成功定位、深耕市场、占据高端、构筑品牌。

天时地利人和，飞鹤腾飞的基础

提到黑龙江，很多人会想到东北、粮仓和黑土地。飞鹤乳业就生长在这片沃土之上，也是因为地缘优势，2002年开始，企业在北纬47度的齐齐哈尔进行战略布局。北纬47度是全球公认的黄金奶源带，日本北海道、加拿大阿尔伯特、美国威斯康星州都在这个纬度带上。这个纬度带显著的特点就是寒地黑土，冬天白雪皑皑，最冷的时候零下四十几度，夏天万物复苏，最高温度能达到三十多度。我国黑龙江的黑土地有机质含量高达3%~5%，在这块土地上种出的草喂牛健康、生态、绿色、有机。其中有两个地区有天然的苏打水，pH值都是7.5以上，呈弱碱性水，飞鹤有5个万头牧场的牛日常都是喝这种水，这样的水能平衡牛体内的酸碱环境，奶牛健康，产的奶就好。

飞鹤的管理团队也比较特别，虽然来自五湖四海，但是都有同一个身份——上海轻工业高等专科学校的同班同学，把大家连接在一起的，正是飞鹤集团董事长冷友斌。作为农场子弟，冷友斌从小熟悉和热爱这个行业，后来因为表现优秀，争取到去上海轻工业高等专科学校学习食品工程专业的机会，毕业后回到农垦农场继续从事这个行业。2001年开始创业的时候，冷友斌把班上的同学都联络召集起来，一起做事业。因为大家都是同一个专业，对乳品行业有深深的热爱，对品质的追求都有一致的认同。用冷友斌的话说，十几年来，企业在生产、品质、原料基地上的投入，董事会都是全票通过，抓产品质量和品质是团队所有人的心声。

夯实基础，筑匠心品质

做产业、做实体，和盖高楼一样，万丈高楼平地起，基础是关键。如果没有好的基础、没有好的原料、没有好的设备、没有好的工艺和好的配方，不可能有好的产品。与外资竞争的核心就是要有好的品质。从基础入手，飞鹤乳业做了全产业链，在研发创新方面聚焦中国母乳研究，引领行业开创多种提升对中国宝宝体质影响的技术、配方和工艺。

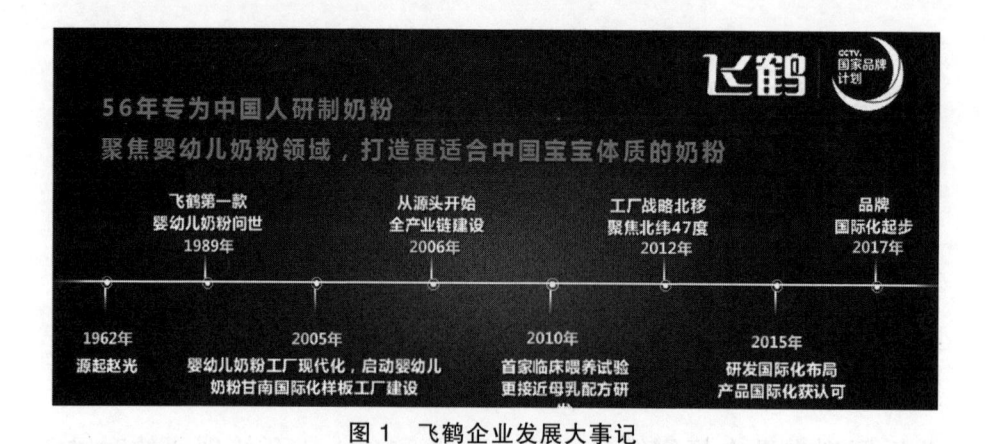

图 1　飞鹤企业发展大事记

打造第一条完整全产业链，将奶源品质做到极致

质量问题都出现在源头上，解决质量的关键是保证奶源品质。传统的奶源是分散式的，企业通过建设奶站、集中收集农户家里的牛奶做起。奶站的集中机械化收奶，虽然解决了牛奶不能掺假的问题，但是不能解决牛的饲料标准化问题，从根本上来说，牛奶的品质还是得不到保障。能否从养牛开始进一步保证牛奶的品质呢？

2006年飞鹤乳业开始在源头发力，建设国内第一条婴儿奶粉的全产业链。

第一个牧场建设非常艰难，几百头牛的牧场都是大型牧场，当时在国内谁都没有万头牧场的管理经验，所以飞鹤乳业专门请了一个留美博士来管理牧场。另外，1万头牛的管理工作非常复杂。冷友斌说，管1万个人都很复杂，管牛就更难，因此要用智能化来管。飞鹤牧场的智能化、信息化以及科技程度比很多工厂都要高。飞鹤牧场的信息化系统是非常完善的，牛在挤奶和运动过程中，企业可及时采集数据，牛的运动量、健康指标等实时数据传输到数据中心。这个产业链是企业投入资金最多、精力最多、人力物力最多的项目。

好的牧场、好的奶牛、好的空气和环境，是好牛奶的基础，可以说生产环境决定了鲜奶的品质。从这个逻辑出发，2006年飞鹤乳业不惜巨大投入，做了一个大的战略布局，首先，在北纬47度全球黄金奶源带建设牧场；其次，飞鹤乳业在黄金奶源带建设农业公司，飞鹤专属农业公司种植30万亩青贮、燕麦、紫

光苜蓿等，直接为牧场的奶牛提供主要饲料。企业的 30 万亩土地及两个 20 万吨的饲料加工厂，可以保证奶牛入嘴的东西是企业自己种、自己加工，保证牛饲料的安全。因为东北的气候原因，大牧场的收割期非常短，收割玉米只有 15 天时间，如果农机规模不够大，短时间内收不回来，晚收回来就上冻，牛就不能吃。割下来的燕麦草和紫光苜蓿马上要晒干、打捆、储存，时间非常短。

目前，飞鹤乳业所有工厂采用全世界最先进的生产加工设备，全部智能化。全球先进的设备和运输模式缩短了运输时间、保证鲜奶的活性。企业构建两小时生态圈，最大限度地保证成品的活性，活性好，产品的营养和品质就好。

中国婴幼儿奶粉第一条完整的全产业链和 2 小时生态圈，是飞鹤占领行业高地的杀手锏，从牧场挤出新鲜生牛乳，通过冷链运输至工厂，一次喷雾干燥成粉，产品最快 9～28 天可达消费者手中，最大程度地保证了产品的新鲜与营养。

图 2 飞鹤鲜奶与国际标准和欧盟标准的指标对比

飞鹤乳业的鲜奶指标都是和欧盟对标。飞鹤鲜奶蛋白质含量的标准是 3.4%，而欧盟标准是 3.0%；欧盟标准要求细菌总数是

10万毫升，而飞鹤乳业的标准是1万毫升，企业内部工厂收奶标准就是5000毫升。牧场的制冷系统在整个挤奶环节都非常重要，确保细菌总数必须低于5000毫升；体细胞最能说明牛奶品质，体细胞越低，牛越健康，飞鹤乳业严格考核体细胞，不能高于20万个，而欧盟的标准是40万个。

高度重视研发和创新

飞鹤乳业一贯重视研发和创新。作为国内较早致力于婴儿奶粉研发的企业，飞鹤乳业专注于中国宝宝体质和母乳营养研究，并持续在中国母乳研究方面进行科研投入，在国家"863"课题和"十二五"科技计划中主持母乳研制和应用以及母乳化奶粉研究的相关课题。冷友斌董事长作为"十二五"科研项目的负责人，联合国内重点大学的科研力量，一起攻关。经过多年的研究和探索，已经打造了国际化水平的科研平台，与以色列安塞科公司、荷兰皇家菲仕兰集团、荷兰皇家帝斯曼集团、丹麦阿拉视频公司、瑞典领先油脂公司、中国农科院、中国疾病控制中心等成立国际技术联盟。在多年的研究积累中，飞鹤乳业已经建立起国内最大的母乳数据库，通过对中国母乳成分的深入研究，研发出更接近母乳的婴儿奶粉。

持续的研发和创新成就了飞鹤诸多的行业领先：首家使用CPP、核苷酸和OPO；领先添加水解乳清蛋白，领先使用OPO、水解蛋白加和低聚半乳糖组合的婴幼儿奶粉品牌。研发创新的成果也得到了消费者的广泛认可，"星飞帆""臻爱倍护"和"智纯"有机婴幼儿奶粉等产品迭代加速，销售增长的势头明显。

启动攻心战略

飞鹤乳业的品质赢得了越来越多消费者的认可，为了进一步改变国产奶粉在消费者心中的固有印象，飞鹤乳业启动了攻心战略，攻心战略的目标就是要通过与消费者沟通，引导消费者对国产奶粉树立信心。

探寻机会，定位"最适合"

攻占消费者心智之前，首先要与消费者进行有效沟通，寻找能够打动消费者的产品定位。在企业自身定位的过程中，飞鹤乳业做了几次探索。2009年，飞鹤借助行业契机，快速打响了"一贯好奶粉"的定位并布局全国市场，2009年当年销量增长了10亿元。因为消费者对国产奶粉的整体不信任，很快"一贯好奶粉"对市场的拉动日渐乏力。企业经过消费者调研发现，孩子喝飞鹤奶粉很适应这一共同点。于是飞鹤选择"高适应"作为传播的核心内容，但广告投放之后发现，消费者接纳程度不高，并不能与消费者建立起有效联系。虽然消费者认同飞鹤奶粉的高适应性，但是企业还是未找到消费者心智的核心痛点。

如何破局？知己知彼方能百战不殆。飞鹤乳业适时地分析了对手的特点。

外资产品的强势之一就在于其全球品牌、全球品质与配方，但与其强势所伴生的弱点也很明显：外资很难去强调自己专门为中国宝宝研制和更适合中国宝宝体质。

洞察出外资产品存在的弱点，又如何挖掘自己的产品优势与消费者做链接？

飞鹤乳业发现了四个优势：第一，一方水土养一方人；第二，中国人体质和外国人的体质有差异；第三，本地企业更懂本地人；第四，适合比安全更能得到消费者认同。结论就是：外资产品的优点是安全，而安全是企业的基本要求，很难打动消费者。用更适合中国宝宝体质来深入与消费者进行沟通，是飞鹤的优势，是外资品牌强势背后的劣势。更适合中国宝宝这个定位，成功地撬动了消费者的心智，扭转了消费者对于婴幼儿奶粉的选购标准。

全方位战略配称，传播"更适合"

商场如战场，一旦洞察出对方的弱点，就要率先制胜。飞鹤围绕更适合中国宝宝体质奶粉的精准定位，全方位战略布局，把所有飞鹤的资源聚焦在一个点上，与消费者进行深入沟通。企业从研发、产品、市场活动、价格策略、地面推广、科技、供应链、渠道、公关等，全方位传播"更适合中国宝宝体质"这个定位。

企业在产品上聚焦临床喂养实验接近母乳的"星飞帆"。同时，通过线下大量的推广活动，与消费者开展深入沟通。企业通过俱乐部、影院、专家讲座、音乐会、嘉年华大型活动等，让消费者体验产品、分享产品，让产品的特点深入人心。另外，企业通过战略课和会议的形式，向公司员工、经销商和合作伙伴传播"更适合"战略，统一思想。

差异化战略

"更适合"定位确立后，飞鹤乳业先布局了差异化战略，并逐步深化。2016年，在占领全国市场的战略中，飞鹤乳业重点布局了强势媒体广告和开展精准营销。精准锁定25~35岁的女性群体，通过线下活动、专家分享辅导等形式，深耕目标人群。2017年飞鹤乳业积极与主流媒体和有话语权的媒体如"双微"大号合作；同时利用大事件、通过系列发布会和活动，进行社会各方关系群体的深入沟通，如成果发布会、55周年厂庆、主办中国奶业行业D20峰会及《赢在中国》发布会等。2018年，企业通过定位差异化、形象国际化、产品母乳化、体验全面化、服务互联网化来实现"更适合"在国内市场的主流化。

战略精准组合，改变消费者认知

一个好的战略，一个精准的定位，一组适合的战略配称和步骤，才是战略精准的组合。

2016年飞鹤乳业成为国产婴幼儿奶粉第一品牌，逆袭高端市场取得阶段性成功，高端奶粉销量增长超过80%，成功地改变了企业的战略和定位；2017年高端奶粉销量增长200%，增长势头势不可当；2018年整体业绩增长超过60%，在更适合中国宝宝体质的奶粉和飞鹤品牌关联度上，飞鹤乳业稳居第一，实现了消费者心智的占领。

2018年飞鹤乳业整体销售额超过100亿元，已经进入中国乳业第一阵营。在国际化方面飞鹤乳业也在加快步伐，在加拿大布局建厂,让章子怡代言,使飞鹤成为名副其实的是国际品牌,同时带动国产奶粉一起跟外资品牌抗衡。飞鹤乳业通过国产奶粉更适合中国宝宝体质的定位,树立了中国奶粉的形象,改变了消费者的认知,把更适合作为婴幼儿奶粉的选购标准,做到让祖国的下一代喝上更适合中国宝宝体质的好奶粉。

课 堂 访 谈

李小萌:从2008~2015年企业有7年的低谷期,"更适合"中国宝宝体质的定位是如何最终确定的?

冷友斌:我们的企业团队,都是土生土长的黑龙江人,我们有情怀,敢想敢干,对企业忠诚,但是我们还需要外脑支持。在逐步摸索定位的过程中,我们请了多个战略公司,最后敲定一家专门做战略定位的君智咨询公司,通过1年左右的调研和磨合,终于找到了"更适合"这个差异化的定位。

李小萌:更适合的表述和飞鹤相关性非常强,最重要的还是营销战役,也就是广告定位和策划,把产业整个带起来,最重要的经验是什么?

冷友斌:这也是全产业链的过程,你要有产业链的基础,还要有设备、品质、研发、好的战略和资金,要有团队执行、要开展地面活动,一系列资源需要整合起来。因为我们是实体企业,我们跟消费者要有效连接,要有组合拳打出去,这就是对企业的考验,光有钱没有团队也不行,现在我们完全是自主研发、自主品牌,我们所有的东西都是靠自己的产业链做,真正用实力说话。

李小萌: 最近大家在讨论一个话题,品牌是我们自己的,核心技术是不是我们自己的?你刚才说了生产线都是德国引进的,这是否也面临一些风险或者危机?我们要不要把它也变成自有技术,让国有的品牌走得更坚实。

冷友斌: 欧洲有两三百年的乳业加工历史,在婴幼儿奶粉加工设备方面还是有很多经验需要我们借鉴和学习的,但这次我们在加拿大建设的工厂,整体工业设计和实施,主要是从国内带过去的,将它打造成世界级一流水平工厂,中国现在已经具备这样的实力。其实生产婴儿奶粉最核心的东西还是我们如何打造一个体系,包括制度、流程、智能化。我们花钱可以买好设备,但是买不来好管理,我们花钱买不来整个系统,这个系统一定要掌握在我们自己的手里,和企业共同成长,所以我自己有质量顾问、生产顾问,每个工厂都有世界一流的咨询团队,进而打造一流的世界级工厂。

图3　冷友斌与李小萌现场对话

讲座嘉宾简介

冷友斌，第十三届全国人民代表大会代表，现任中国民间商会副会长，黑龙江省工商联副主席、黑龙江飞鹤乳业有限公司董事长。他带领飞鹤率先开创了中国乳业真正的"全产业链"模式，实现种植、养殖、加工一体化。自2001年二次创业至今，婴幼儿配方奶粉业务从销售额不足1亿元到超过100亿元，飞鹤品牌已成为国产婴幼儿配方奶粉第一品牌，并带动了国产婴幼儿配方奶粉的振兴。

图 4　冷友斌在课上做精彩分享

主持人简介

李小萌，资深媒体人、主持人、记者，萌享汇文化传播有限公司董事长。在央视曾主持《半边天》《东方时空》《24小时》《新闻1+1》。2008年获得"全国三八红旗手"、2010年获得中国主持人最高奖"金话筒"奖，第25届金鹰奖优秀节目主持人。

天佑德的品牌与市场突破

"天佑德"青稞酒这几年非常火爆，可作为"天佑德"东家——青海互助青稞酒股份有限公司董事长的李银会先生却鲜为人知，他很少公开演讲，很少接受采访。

但在2018年上半年他却做了两场"高大上"的演讲：一场是北京大学120周年之际，在世界多位政要和商界巨子登台的北大英杰交流中心同校友们分享创业经验；一场是2018年6月6日，在中国传媒大学，多家网络直播的《企业营销战略课》课堂，讲述"天佑德"品牌成功的独特基因。

笔者注意到，他在这两次演讲中都分享了克劳塞维茨所著《战争论》中的一句名言，"面对战争中的不可预见性，优秀的指挥员必备两大要素：第一，即便在最黑暗的时刻，也具有能够发现一线微光的慧眼；第二，敢于跟随这一线微光前进。"他正是用这部西方的"孙子兵法"指导自己走过"创业迷茫期"。

也许是他本科、硕士7年都在北大学习地质专业的知识滋养，加上20多年下海创业的人生积淀，二者产生了"化学反应"：李银会在经济并不发达的青海发现了"一线微光"，找到了高原青稞酒这一"富矿"，李银会希望带领团队"跟随这一线微光前进"，把天佑德青稞酒做成全国品牌乃至全球品牌。

找到独一无二的品牌基因：青藏文化

如果将品牌视为生命体的话，其核心的生命密码就是品牌基因。天佑德依靠自身独特的自然、人文、历史和酿造技艺铸就了其独特品牌基因。中国白酒的品类如果按照原料分，主要分为高粱白酒、青稞白酒和大米白酒三大品类。大家通常喝的白酒都属于高粱白酒，大米白酒集中在广东、广西等南部地区，青稞白酒分布在青海、西藏、甘肃、四川、云南等地。可以说中国如果5亿酒民100%喝过高粱白酒，20%喝过大米白酒，那么喝过青稞白酒的酒民大概不超过5%。这份市场空白是青稞酒的巨大潜力和商机。因此天佑德手里握着世界酒业一张绝好的王牌，得天独厚，独一无二，至纯至净，真的可以说是青稞酒就是青藏高原人文的、自然的、地理的、宗教的、文化的、历史等的浓缩。所以天佑德说：青稞酒是可以带走的青藏文化。

青稞酒在特定环境下的自然之美

首先，青藏拥有一片净水。青藏高原是中国、印度及许多东南亚国家母亲河的源头。所谓"水是酒之血，好水酿好酒"。而天佑德酿酒所采用的地下井水，发源于"亚洲水塔"之称的青藏高原6000米冰雪融水，穿过数十米深的冰川岩层，层层过滤，水质纯净，软硬适中，清冽微甘，富含锌、硒等多种微量元素，是天然酿酒好水。其次，天佑德拥有一片净土，地理条件得天独厚，位于青海的贵南牧场是中国为数不多的有机产品示范园区。天佑德拥有全国最大的青稞种植基地，还拥有中国首个近10万亩过"有机认证"的青稞种植基地。再次，天佑德有一粒好粮，在青藏高原极其恶劣的条件下生长出的青稞是唯一含有全部18种氨基酸的农作物，β葡聚糖含量是小麦的50倍。此外，青稞的脂肪含量较低，可为微生物的代谢提供丰富的营养资源，有利于酒醅的低温、缓慢发酵，是形成青稞酒独特香味物质的关键所在。最后，天佑德成就了一坛好酒。除药香型酒之外，在所有的清香型、酱香型等10类香型的诸多酒品中，青稞酒是目前所有酒中检测到含萜烯类化合物种类最多、含量最高的酒。萜烯类化合物是一种天然化合物，是植物精油的主要成分，其具有抗菌活性、抗病毒活性、抗氧化活性、镇痛活性、助消化活性、抗癌活性等功效。一般白酒中含有高级醇及高级脂肪酸酯（即杂醇油）及衍生物，在人体代谢时耗氧量大，会给人造成酒后头痛、口渴等不良反应。而天佑德青稞酒中以上成分含量较低，在一定程度上缓解了上头、口渴、头痛等症状，因而饮用后不头痛、不口渴、不上头是互助青稞酒的独特之处。

青稞酒与当地民族的关系

在青藏地区，"青稞酒是与上天沟通的媒介"。青藏高原居住着藏族、蒙古族、土族等多个少数民族，绝大多数民族是非常热爱酒的，"追求快乐、乐于分享"，就是青藏高原的青稞酒精神。六世达赖喇嘛仓央嘉措，写了很多细腻真挚的诗歌，其中有许多描写青稞酒的诗歌："姑娘你在此当垆，我日日沉醉于杯中美酒。今生没有别的希望，只愿与你和酒浆长伴醉乡。""头酒不曾醉，二酒不曾醉，情人敬一杯，马上熏熏醉"。每年春季，藏区都要举行开耕节，其中就会有抛洒青稞面举行"索索"的仪式。高僧一边诵经，一边供奉青稞酒。这些宗教仪式赋予了青稞与青稞酒神圣的意义。

梳理青稞酒的历史

青稞酒的"一祖十贤"

中国青稞酒史的主线，是"一祖十贤"。一祖，即金禅酒祖；十贤，即伊尹、无弋爰剑、赵充国、慕容拾寅、文成公主、格日勒特、九天保、三木德、张大工、赵长基。就是用影响了天佑德青稞酒发展史的11位代表人物，通过"一祖十贤"把青稞酒史串起来，其中的"一祖"即金禅酒祖，是中国青稞酒的始祖。考古学家们在天佑德青稞酒的所在地——互助县金禅口齐家文化遗址发现了青藏高原迄今为止最早的青稞，距今4000年左右。据中国酒文化专家全面考证，认为互助金禅口是中国青稞酒之源，其部落首领金禅酒祖是中国青稞酒之祖。这对天佑德青稞酒具有重要的价值，确立了天佑德在青稞酒行业的历史地位。

4200年酿酒史

互助酿酒的历史久远，大约4200年酿酒史，4000年青稞酒酿造史，700余年蒸馏酒史，600余年天佑德品牌史，400余年大曲白酒史。据《青海通史》记载："青海早在卡约文化和齐家文化时期就有陶制酒器。"而在青海湟水河畔出土的汉代灰陶瓷酿酒器也证明早在汉代，青海河湟地区的酿酒技术就已臻于成熟。到了元代，酒脉生息。公元1264年，青海酿酒业进一步发展。土族先民将青稞煮熟作为原料，用当地草药拌和做成曲子，烧出一种白酒。这种土法酿造的酒当地人称为酩馏酒，这种酒度数不高，酒性不烈，香甜可口，当地人特别喜欢饮用。此时青海东部农业区除农户家庭酿酒自给外，已有小规模的酿酒作坊出现。据《赵氏宗谱》记载，元大德二年（公元1298年），九天保（原土族姓氏，意为上天保佑）在水坑子（今青海互助青稞酒股份有限公司厂区旧址）凿井，汲水酿酒。

图1 古时天佑德酿酒图景

明清，酒脉兴旺。明洪武六年（公元1373年），九天保的玄孙三木德继承祖业，酿酒进一步发展。期间添置酿酒作坊12间，并将酿酒作坊取名为"天佑德酒作坊"。赵氏家族在沿用古井水、青稞酿酒的基础上，不断汲取中原文化，引进先进的酿酒技术和制曲配方，因酿出的酒甘甜爽净，一时声名鹊起。该烧坊位于威远镇西门外一个偏僻的巷道内，但顾客总是络绎不绝，纷纷踏至。大门上贴的"开坛十里游人醉，驮酒千里一路香"，也颇能引人注目。清同治九年（公元1870年），互助县威远镇酿酒作坊已发展到十多家，其中以"天佑德""义兴德"等八大作坊最为出名。1952年政府在"天佑德"作坊的基础上整合了八大作坊，组建国营互助青稞酒厂，逐步发展为现在的"天佑德青稞酒"，为公司产品积累了深厚的历史基础。2013年6月，公司获得"中国青稞酒之源"的称号。

天酿之书

青稞酒的酿造工艺独树一帜。在全国所有的传统白酒企业中，唯有青稞酒是全年12个月连续生产的。其他酒企夏季最热的时候，都要停产检修1~2个月，唯有青稞酒是足年足月酿造的。按一年四个季度分为春酿、夏酿、秋酿、冬酿。别的白酒企业是没有夏酿的。将春、夏、秋、冬四个季度合起来，便能覆盖二十四节气，天、地、人、酒合而为一，顺天而为，并将原酒分开储存。仅仅春酿，就有三个酒头、三个酒尾、两个优质酒、四个合格酒，共12种基酒。四个季节，就是48种基酒。天酿工艺是"一年一个周期、4次投料、16次蒸馏、48种基酒"。这是"天酿之作"。天酿工艺的第三个特点是野生青稞做调味酒。黑老鸦青稞、瓦蓝青稞都曾是濒临灭绝的野生青稞品种，目前种植面积已达到一定规模，用这些青稞酿造的酒，勾调出高档酒，是天佑德青稞酒的独家配方。天酿工艺的第四个特点是传承传统工艺。无论是制曲，还是酿酒，核心工艺全是手工操作，传承经典，匠心酿造。天酿工艺的第五个特点是地利。互助青稞酒厂国营时期曾经把工厂搬迁到了西宁市，但在西宁怎么也生产不出来高质量的青稞酒，最后又搬回了互助县原址。其发酵容器采用的是花岗岩窖池，这在全国白酒行业中也是独一无二的。因此，天酿工艺是春夏秋冬的天时、互助的地利与不同青稞原料、传统酿造工艺的完美组合。正因为独一无二的工艺，使得互助青稞酒成为中国地理标志产品。"互助县之青稞酒"就像"茅台镇之茅台酒"。

青藏高原唯一改制上市的白酒品牌

天佑德的品牌定位不是一蹴而就的。在天佑德最近20年的发展历程中有两件大事：一是改制，二是上市。天佑德品牌发展也因此呈现出不同的阶段性特点。其实天佑德品牌定位逐渐明确清晰的过程就是其不断发掘品牌基因的过程。

产品家喻户晓，企业濒临倒闭的基础

青海青稞酒厂在青海家喻户晓，不仅仅老百姓喜欢，政府也高度重视，当地接待客人都用这个酒。但是，由于经营不善负债累累，到2004年时，职工形象地说"连企业的每一根草

都是银行的"。李银会已经在企业并购方面积累了 7 年经验，关注这个企业也已经 3 年，在当时国企改革的背景下，他凭着充分准备和丰富的经验收购了这家酒厂。李银会认识到，在青海创业和客户打交道，大多数时间喝的都是青稞酒，青稞酒变成了人和人之间的润滑剂，青海人半斤酒下肚成了朋友，无话不说。在收购酒厂之后，李银会希望通过它的稀缺性、独特性，从产品经营提升到品牌经营，打造出一个青藏高原的独特品牌。

图 2　改制前的青海青稞酒厂外景

实施品牌战略　重振昔日辉煌

改制以后，并随着行业大环境的好转，青海青稞酒步入了发展的快车道。青海互助青稞酒股份有限公司，通过几年的品牌深度研发，对同行业产品进行了深入分析，并结合自身产品和企业发展的状况，逐步确立了以"互助"和"天佑德"为母品牌的多品牌独立运作模式的发展战略。其中"互助"品牌下有八大作坊以及永庆和、七彩互助、互助头曲、世义德、神仙酿六大子品牌。"天佑德"品牌下形成有天佑德和天之德两大品牌，并将天佑德和天之德定位为高端品牌，八大作坊定位为中高端品牌，七彩互助、永庆和、互助头曲定位为中低端产品，通过品牌内涵细化和产品品牌重塑等一系列措施，使公司产品在原有品牌价值的基础上发挥出更大的品牌影响力。几大品牌独立规划运作，实行差异化的品牌策略，形成了中高低端全渠道覆盖的品牌架构体系。

品牌战略的实施让天佑德公司实现了快速发展。公司利润总额从2005年亏损2494万元到2009年盈利11384.64万元；上缴税收从2005年的3867万元增加到2009年的1.52亿元，年均增长40.71%。主导产品"互助"牌青稞酒，是青海特色产品，荣获"中华人民共和国原产地保护地理标识产品"称号，被国家认定为"中国白酒新秀著名品牌"和"全国白酒质量过硬放心品牌"，"互助"牌被国家工商总局认定为"中国驰名商标"。公司被省人民政府批准为"青海省重点文物保护单位"，并列入全省非物质文化遗产名录。

从2006年开始，公司大力调整产品结构，"天佑德""八大作坊""永庆和"等中高档产品成为主销产品，占总销售额的60%以上，不仅提升了利润空间，也解决了企业流动资金严重不足的问题，品牌立企战略给公司带来不菲的收益。公司更新营销观念，在渠道整合、网络建设的基础上，创新销售模式，引进了掌控和服务端市场的经营理念，积极构建覆盖全省的三阶通路深度分销经营模式，市场竞争能力明显增强。互助青稞酒在全省市场占有率由改制前的20%提高到目前的70%左右，营销新观念使互助青稞酒重现昔日辉煌。

聚焦天佑德品牌，打造青稞酒之源的上市策略

2012年12月，随着深交所开市钟声的敲响，青海互助青稞酒股份有限公司成功上市，募集资金9.6亿元。这不仅打破了青海省2007年以来无企业上市的沉寂，而且实现了青海企业在中小板零的突破。上市以来，品牌的发展进入了新的阶段，市场销售稳中求进，累计上缴税金30亿元，为当地经济的发展做出了突出贡献。

2012年，公司根据市场发展现状，以"互助""天佑德"作为两大主品牌，同时对"天佑德"天国家人系列"八大作坊""七彩互助""永庆和""互助头曲"等品牌的核心定位重新规划，形成了以"互助""天佑德"为主品牌，多个产品子品牌并行发展的品牌管理体系，严格按照品牌规划，完成德文化、生态文化等系列品牌文化宣传，确保品牌信息及形象的统一，较好地推动各品牌的有效传播。

2016年，公司对品牌及产品进行了重新梳理，聚焦"天佑

德"品牌，以天佑德为主品牌，对天佑德青稞酒品牌及产品进行全国化推广。公司采用"喝青稞酒、就选天佑德"的广告语，将品类与品牌直接挂钩，建立品类与品牌强烈的对应关系。2017 年，公司确定了"以天佑德打造全国性品牌、省内市场以多品牌、多产品构建护城河"的总体战略，天佑德品牌以"喝青稞酒，就选天佑德"作为品牌口号，"精选海拔 3000 米有机青稞酿造"作为产品概念，诠释天佑德产品纯净、生态、有机的产品特性。根据总体战略，以天佑德品牌产品逐步发力全国市场，最终推广青稞酒品类，打造天佑德品牌。在青海省内，以"天佑德""互助""八大作坊""永庆和"四大品牌产品构建青海大本营市场"护城河"。当前，在宣传中，公司有两条广告语，"天佑德青稞酒·中国青稞酒之源"表现了其专业和正宗，"喝青稞酒，就选天佑德"展现了品牌的品类占有。

从农耕文化到数字化营销的市场突破

在明确自身定位的同时，天佑德在市场上也在不断实现新的突破。通过这些市场上的突破，天佑德逐步从区域市场走向全国市场，从单一白酒品类走向白酒、葡萄酒、保健酒等多品类、多品牌的发展态势。在渠道建设、品牌传播、产品创新、企业文化建设、资本市场、营销活动等方面天佑德屡有斩获。

数字化营销创新

李银会从 IT 起家，心里总有做信息化的冲动，希望通过信息化的方式解决经营过程中的一些困难，实现突破。在做青稞酒以后，开发了一个系统——云单系统，实现对终端的掌控。当大家还在讲渠道为王的时候，天佑德青稞酒厂就已经实现了商品从厂到商到终端全部数据的网络化，让企业可以准确地掌握数据，可以到每个终端都可以查到销售情况和进的品种数量。不过云单系统只解决了从生产商到销售终端的问题，还没有真正连接到消费者。

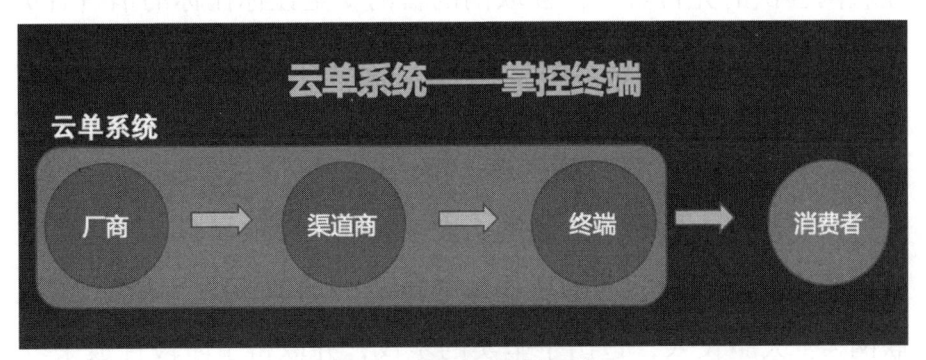

图 3　天佑德的云单系统

2015 年天佑德并购了中酒网，在云单系统的基础上，开始针对消费者进行了一系列的工具创新和系统升级。目前，以中酒云码、中酒云图、中酒云柜、微团购等为代表的一系列消费者营销工具已经开发成熟，成为天佑德以消费者为核心的市场开发利器。这也是天佑德互联网信息化三部曲的第二个阶段。

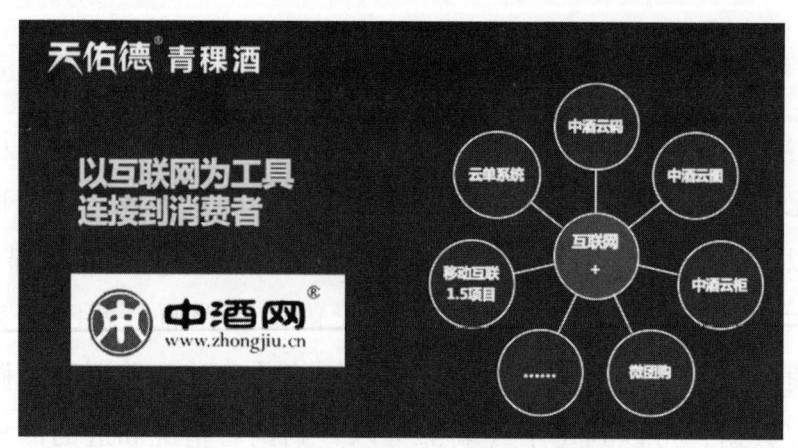

图4 天佑德以互联网为工具连接消费者

中酒网的"工具创新与系统升级",使天佑德成为白酒行业互联网尝试的先行者。但互联网的目的就是让你比你的消费者更了解消费者,只有你做到了这点,才能赢得客户,才能赢得未来。所以"数据+客户"的新零售模式,才是互联网三部曲的方向,第一步掌握终端,第二步连接消费者,第三步服务消费者。通过云计算、大数据、物联网、人工智能,争取早日实现由传统管理驱动向互联网驱动的里程碑式转型。3年时间,天佑德在"互联网+"大胆投入,迈出了坚实的步伐,并取得了阶段性成果。

图5 互联网思维下的新零售模式

公司营销中心将以大数据推动线上与线下渠道的高度融合，围绕"五公里商圈、一公里社区、零距离家庭"三个核心，建立直达消费者的营销体系。同时，坚决打击一切扰乱市场和价格体系的违规行为，实现营销手段的新颖化、营销行动的有序化。

多维度品牌传播

结缘央视，占据全国品牌传播制高点

2012年1月1日开始，天佑德正式投放CCTV新闻联播《天气预报》。2012~2016年期间，考虑到西藏白酒市场空间大且无区域强势品牌，再加上西藏天佑德工厂正式投产，青稞酒逐步强化西藏地产酒的身份定位，先后4年在《天气预报》中投放拉萨板块景观广告，对天佑德青稞酒发展成为藏区第一品牌起到了积极的推动作用。同时，为了加强青海市场稳定与防御，天佑德还曾转移至西宁板块。2017年，天佑德瞄准西北市场，确立了以甘肃市场为重点开发市场，逐步确立西北市场发展策略和实施计划。2017年元旦开始，天佑德转投甘肃重点城市兰州板块，并采用了更加活泼、生动的景观广告画面，配合整体品牌战略。

在投放策略上，2012~2017年，天佑德一直在《天气预报》中采用"持续性常年投放"的策略，有力保证广告信息的长时间渗透，持续积累品牌影响力，保证广告效果不下滑。从多个层面来看，双方的契合度都很高并且广告效果十分显著。从传播

图6 央视"天气预报"广告画面

平台来看,《天气预报》是中央电视台国字号媒体,其自有的权威性背书,使得企业得以在短时期内迅速地、大范围地提升品牌知名度,并将其内化为自身传播力和公信力,适合天佑德"高举高打"的营销策略,有力地提升了天佑德的品牌形象。2016年天佑德青稞酒品牌知名度达到30.2%,品牌渗透率9.2%,品牌偏好度7.6%,品牌预购率11.3%,品牌推荐度12.2%。从传播效率来看,《天气预报》占据CCTV-1、CCTV-新闻频道黄金时段,保持着十分稳定的收视效果,多年来收视率与收视份额一直名列前茅,让天佑德在最短的时间内覆盖了最多的用户。2016年全年,全国累计有250亿人次接触过"天佑德青稞酒"景观广告,该广告全国到达率62.7%,人均接触该广告达到32.1次。品牌传播不仅要看效率,还要看效果。借助独特的广告植入形式,《天气预报》景观广告的"隐形"气质让广告内容更轻松自然,加之长期的市场培育,观众对景观广告的认可度不断提升。2016年"天佑德青稞酒"景观广告的广告记忆度达到34.6%,广泛覆盖不同年龄、职业、地域的观众。从2012年到2017年,《天气预报》为天佑德品牌的长远发展起到了积极的助推作用,成为天佑德战略合作的优质平台。

在2016年赞助央视春晚预热节目《一年又一年》之后,2017年天佑德赞助的《挑战不可能》第三季在央视开播。此外,还举行了一系列以央视赞助节目为核心的线上线下整合传播活动。线下同步进行"一年又一年,共饮天佑德""挑战不可能金宝叠瓶大赛"等一系列活动,在维持CCTV-1广告投放的基础上,又增加了在CCTV-9、CCTV-10等热点栏目的广告投放,"西藏第一块青稞田开耕仪式""青稞酒文化节""天佑德洲际队环湖赛夺冠"等新闻也多次在中央1套、4套、13套节目中播出,天佑德青稞酒央视的品牌曝光在2017年1月单月达到6亿人次,有力地

图7 "挑战不可能"活动海报

塑造了天佑德青稞酒高端品牌形象。

体育赞助为天佑德品牌背书

持续不断的赞助体育活动一直是天佑德品牌打造的一个利器。赞助中国网球公开赛，2018年是第四年，现在天佑德已经是白金赞助商。中国网球公开赛（英文简称：China Open）与印第安维尔斯大师赛、迈阿密大师赛和马德里大师赛并称"四大超级赛事"，天佑德青稞酒第三年作为中国网球公开赛白金赞助商，其中天佑德的球员座椅广告，在每场转播中都有明显露出，完美诠释了和"明星同框"的传播手段。通过网球项目，天佑德青稞酒提升了品牌属性，赋予了产品健康、阳光、高品质的形象。另外，天佑德青稞酒赞助的网球中国一姐张帅，在2017年取得令人认可的成绩，个人世界排名始终稳定在30位左右。张帅也有幸入镜大型国家纪录片《辉煌中国》，并获得2017年度体育人物殊荣。中国女网金花张帅第一个带着天佑德的商标走向全世界。

天佑德连续17年赞助环青海湖赛，打造高水准的国际性赛事。环青海湖国际公路自行车赛简称"环湖赛"，是亚洲顶级自行车公路多日赛，环湖赛是中国规模最大、参赛队伍最多、奖金最高的国际公路自行车赛事，继环法、环意大利、环西班牙等职业巡回赛之后世界第四大公路自行车赛。2017年，天佑德青稞酒以相伴环湖赛16载为推广主题，配以中国天佑德洲际车队取得的历史最好成绩（环湖赛个人总冠军，7个赛段个人总成绩冠军，1个赛段亚洲最佳），进行品牌推广活动，夯实了青海及

图8　天佑德多年赞助网球公开赛

西北市场的品牌形象。从以上两个案例可以看出，天佑德青稞酒的品牌传播与体育营销密不可分。天佑德作为一个酒企为什么这么重视做赛事赞助？因为体育营销是跟健康相关的，天佑德希望以运动和顶级赛事结合，可以凸显青稞酒时尚、健康的生活元素，来强化天佑德青稞酒的健康属性。此外，在信息爆炸时代，大家注意力很难聚焦，而赛事无法预测结果，以兴趣为导向，能够让消费者持续聚焦，是性价比较高的品牌推广方式。

天佑德秉承"做大青稞酒品类、做强青稞酒品牌"的品类营销理念，从2017年开始每年举办"中国青稞酒文化节"，决定要像体育项目一样，持续地做下去。

立体化市场拓展

在青海这样一个人口小省,青稞酒的市场占有率非常高。2017年,公司在青海市场的销售收入为13.18亿元,按青海省总人口593万人计算,全省人均消费220元,成为任何白酒品牌都无法抗衡和竞争的市场。但是当天佑德离开青海,走向青海省外,就遇到了各大名酒品牌的强烈挤压和阻隔。国内白酒红海市场突破难度非常大,为了另辟蹊径,找到自己的蓝海,天佑德采取了三种策略,即全国化、国际化、产品时尚化。

品牌全国化

2017年度,公司本着青海省内精细化运营目标,根据白酒销售渠道新趋势,对渠道多维度再细分,并调整与渠道更契合的产品、推广及销售策略,进一步强化酒店餐饮渠道的推广及消费者培育功能,进一步强化核心门店的SKU数提升及销量占比,进一步优化产品结构,迎合消费者升级趋势。省外市场重点聚焦甘肃兰州深耕,并取得了阶段性成果,消费者由青稞酒品类认知向天佑德青稞酒品牌认知转变,建立天佑德青稞酒品牌认知基础,兰州市场同期成长20%左右,为2018年持续发展甘肃市场奠定了坚实基础。其他省外区域市场坚持区域聚焦、产品聚焦、渠道聚焦做样板,2017年在深圳、河南市场取得了良好效果。此外,还加大与央视的合作力度,在全国传播天佑德的品牌。

市场全球化

中国的白酒产业是一个近万亿元的产业。中国作为世界第二大经济体，对全球的影响力日益剧增，但中国白酒在全球的市场份额连1%都不到，因此，国际市场是中国白酒未来巨大的蓝海。2011年天佑德开始关注国际市场，2015年收购了位于美国纳帕谷的马克斯威酒庄。公司通过酒庄的运营管理和市场开拓，获得了国外工厂丰富的管理经验，也积累了国际市场酒水营销的宝贵经验。马克斯威酒庄就是公司打开国际市场的培训学校、实习基地、桥头堡，给公司的员工带来了更多的训练机会。现在每年都会有越来越多的美国，甚至来自全球的行业领袖来到天佑德交流。全球化趋势是不可阻挡的，公司越来越感觉到国际市场才是最大的一片蓝海。公司在国际市场探索方面力争走在前列。

此外，天佑德公司还借力"一带一路"加速国际化传播。2018年5月20日，由中国商务部、新疆维吾尔自治区人民政府和新疆生产建设兵团共同主办的第十六届哈萨克斯坦—中国商品展览会在阿拉木图市开幕。为支持青海省与"一带一路"沿线国家深入开展经贸合作，本届展会邀请青海省担任主宾省，天佑德青稞酒作为青海地区的龙头企业之一，携金宝等产品参加了展会。此前早些时候，素有欧洲版"春糖"之称的波兰波兹南国际食品展（International Trade Fair for Food）于2018年5月8日在波兰中西部城市波兹南开幕，"中国青稞酒之源"天佑德青稞酒和国内几家代表性中国白酒品牌组团参加了这一盛会。

产品时尚化

2013年，天佑德公司对省外市场主销产品天佑德海拔系列进行了升级改造，开发了海拔系列的形象产品海拔4600高端天佑德青稞酒产品。同时，为顺应"限制'三公'消费"后产生的大众酒价位需求，创新现有青稞酒系列产品，推出了中档价位的天佑德生态系列产品，以满足不同消费层次需求，并率先在甘肃等省外市场进行导入，省内市场方面，公司在青海省内继续沿用"多品牌多系列、全价位覆盖"产品战略，强化"青青稞酒"作为企业品牌给消费者提供产品信任背书，为进一步提高市场竞争力，持续开展产品改造提升，并加强了中低档产品新品牌和散酒世义德的创新工作。2017年，公司在省内推出天佑德"岩窖"新品，以采用花岗岩筑成的条石窖为概念，以经过80天低温发酵，酿出清雅纯正好酒为主要核心卖点，新品上市之后取得了较好的市场效果。同时，公司持续精进"金宝"产品，为中网赛事推出金宝150毫升产品，提升了金宝产品活跃度。

推出适合市场趋势的小酒——"小黑"也是一项成功举措。小瓶酒近几年受到市场追捧，对于消费者而言小酒具有饮用适量、及时品鉴、方便实惠的特性，对于一个酒品牌而言也是品牌传播和品鉴的载体。小酒就是指小瓶包装的酒。一般小酒的净含量多是100~200毫升，售价大多也走亲民路线，价格在15~30元之间。近年来因为"三公"受限加上城镇化推进消费升级，小酒开始受到各大酒企重视，更多的是面向"80后""90后"消费者，把小酒当成时尚品、快消品成为潮流。年轻消费者也越来越倾向于选择包装不太大，喝完不误事的小酒。白酒企业于是俯下身来捡起了小酒市场，以顺应市场潮流及风气发展的需要。2017年，"小黑"青稞酒作为小瓶酒代表，成为天佑德青稞酒在全国市场的急先锋，以酒质好、醒酒快的特点在年轻消费者中展开了营销攻势，辅以"小黑火锅节"等推广动作，"小黑"市场认知度不断提升。

确立三大信仰，推进五大趋动

李银会先生是北京大学的高材生，他是一位特别能吃苦、特别能忍耐、特别能奋斗的企业家，也是一位有大智慧、大胸怀、大梦想的企业家。他正在带领团队开创天佑德青稞酒的新时代。"确立三个信仰，推进五大驱动"，就是他们面向未来的发展宣言。

企业的三个信仰

确立青稞信仰，发扬青稞精神。青稞是迄今为止发现的海拔5000米以上唯一的"幸存者"、唯一可以养育人类的农业作物。所以青稞可以说具有英雄的品质、冠军的品质。青稞也是至今仍未被人类完全驯化的原始农作物，最接近野生状态，因此青稞最为自然。缺氧、干旱、寒冷的恶劣环境造就了青稞的坚韧不拔。纯净、洁白的青藏高原和亿万年冰川融水造就了青稞的健康特质。围绕青稞，形成了极具高原特色的青藏文化，勤劳勇敢的青藏高原人民在恶劣的自然环境中，不畏艰辛，始终保持乐观向上的精神面貌，因为青稞带给他们希望，带给他们欢乐。因此，"英雄、自然、健康、欢乐"，就是伟大的"青稞精神"。

确立青稞酒信仰。几千年来，青稞酒渗透到青藏人民宗教、生活的方方面面，是最纯净、最健康、最神圣的地方酒、民族酒。天佑德青稞酒人应该感恩青稞酒，信仰青稞酒，共同把这个伟大的白酒品类做大。

确立天佑德青稞酒信仰。天佑德青稞酒，是青藏高原伟大的"青稞精神"的升华；是中国青稞酒的冠军，是青稞信仰、青稞酒信仰、天佑德信仰的伟大结晶。天佑德青稞酒以世界冠军青稞为原料，有独一无二的天酿工艺。企业的目标远景是"健康持续、全球品牌"。经过很多科学实验表明，天佑德青稞酒对人体的健康优势远超于其他白酒。因此，全体天佑德人应该信仰天佑德青稞酒，一起来珍惜、维护品牌，把天佑德青稞酒推广和传递到更多的消费者餐桌上。

企业的五大驱动

产品质量驱动。首先，要保质保量生产中国最好的青稞酒；其次，要生产出最纯净、最健康、最神圣、最完美的中国白酒。企业的生产技术战略，就是要围绕这两个目标推进产品质量驱动。

互联网驱动。即成立以中酒网为核心平台的直接链接消费者的互联网公司。将来企业要凭借互联网驱动的天佑德青稞酒新零售模式向全国市场发展。

消费者沟通与培训驱动。通过不断完善提升天佑德青稞酒品鉴会，使之成为与消费者沟通的核心武器。用品鉴会的办法，用"走出去""请进来"的办法，把一切可以运营的消费者都运营起来，要告诉消费者青稞酒的产品优势、天佑德的品牌优势，充分讲清楚青稞酒，讲好天佑德的故事。

品牌文化驱动。天佑德17年陪伴环湖赛、4年陪伴中网、连续两年举办中国青稞酒文化节，已经形成了较大的品牌影响力。并以举办"天佑德青稞酒开酿大典"响应国家号召，迎接中国农民丰收节。以一系列文化论坛活动，使青藏文化、青稞文化、青稞酒文化、天佑德文化、天酿文化成为天佑德与全国消费者之间的文化桥梁和精神桥梁，为市场拓展奠定基础，全面提升品牌的文化价值和产品附加值。

科技驱动。坚持长期的技术创新，企业已经制定并实施《天佑德青稞酒中长期科技创新发展规划》，以"人才突破、技术集成、工艺唯一、品类创新、健康标杆、标准领先"为总体思路，力争在未来、把天佑德青稞酒打造成一家集大数据、云计算、物联网、人工智能于一体的科技质量规模效益型酒类一流企业。

图 9　2018 年 6 月 6 日李银会与赵普"课堂访谈"

课 堂 访 谈

赵普：在你创业的年代，大多数人都会去深圳等南方城市，尤其是北大硕士的学历当时很吃香，我特别好奇什么缘由让您动了到青海的念头。

李银会：我这个人比较简单老实，就选择一个跟我一样简单老实的地方。我在青海这个地方，感觉游刃有余，自己很开心，也有信心，到了其他地方也许机会更多，但是不一定适合自己。

赵普：我有一个感兴趣的话题，一个从农村出来的，有着贫苦经历和经验的人，在走向成功的过程中，有些人不再跟家乡人有生意上的往来，因为怕家族、亲戚在利益问题上很麻烦。我看你在西宁卖电脑的时候，已经有多位亲戚在公司里工作了，你是怎么想的？是出于要带他们一起致富，还是因为缺乏更多可以信赖的伙伴？

李银会：我没有想带他们致富，只是想改变他们的生活。城市生活会比农村条件好一些，所有的家里人在我这里没有做高管的，也没有做更高职位的，他们基本就是做普通的工作，能解决自己的生活，能拿到固定的工资，如果他在这个团队不按照规则做，肯定也会被辞退。

赵普：我得到答案了，亲戚固然可以和我一起共事，但企业的规则是一视同仁。您自己有没有盘点过，从开始在北京的国有企业工作到青海创业，到目前走到这一步，如果只给你两个节点，你认为最重要的两个节点是什么？

李银会：第一，到青海创业我觉得完全适合我自己，我不到青海创业，在北京跟大家一起做，可能就是电脑摊位比较大的摊主。第二点，抓住了青稞酒厂的改制，这是一个时代，也是一个历史，恰好可以抓住这样的机会，所以到底是我成就了天佑德，还是天佑德成就了我，这两者之间都是相互的关系。

赵普：出发很重要，你选择到青海是决定性的一步，当你积累初步完成准备转向新的方向时，酒厂机会来了，当时有竞争对手吗？

李银会：有竞争对手，实际他们已经做了一些工作，但是他所做的方案不符合各方的利益，所以没有得到政府批准，我们是在竞争对手退出以后才进入的。

赵普：你是主动找的机会还是机会在向你招手？

李银会：我是主动找的机会。我认为这是从产品经营到品牌经营重要的转换节点，没有产品做基础，就无法实现品牌经营目标。

赵普：你从北京到青海，看清了自己，知道自己有多大能耐，在差别当中寻找创造财富的机会，同时考虑到对方的处境和需求，这点是可以成大事儿的。如果当时考虑不到青海地区对青稞酒产品和品牌的需求，以及政府拯救困难国有酒企的大背景，可能你当初就走不出这一步，或者走不好这一步？

李银会：对，要照顾好各方之间的利益，我们必须要先兼顾别人的利益，才有机会把这个事情做好，因为做企业是综合复杂的一件事。

赵普：你讲到美国收购酒厂，把国际化作为手段，同时兼顾结果，毫无疑问获得了比钱还重要的财富，下一步想做什么？

李银会：下一步我们要做国际市场，因为葡萄酒是他们可以接受的产品，我们要研究红酒如何满足消费者的喜好及运作方式和规则。另外，美国的规则基本是一致的，我们产品要率先在美国主流市场立足，不仅在华人市场销售。现在中国的发展确实引起了世界的高度关注，我去过美国第四代做酒生意的家族，他会讲中文，说明他对中国已经认可了，所以我觉得我们应该尽快地抓住机遇再次起跳。

听众提问：这两年小瓶酒比较盛行，包括你送给我们的小瓶酒——小黑青稞酒非常可爱非常酷，你是出于何种原因推出小瓶酒的？

李银会：目前小瓶酒在全国的市场销售已经有100多亿元

了。小瓶酒降低了消费门槛，也能给年轻人更多的选择。我们在这种情况下推出了小瓶酒，整体目标和其他产品还是有一些区别的，我希望产品要带着青藏文化的浓缩，想了解青藏的，或者已经来到青藏的，想把青藏的感受带走，带走青藏的干净和纯净，我们希望带的是"小黑"这样容易被年轻人接受的东西，我们的品牌推广紧紧契合青藏文化。

图10　李银会先生在课堂上做精彩分享

讲座嘉宾简介

李银会，北京大学理学硕士，高级工程师，民建会员，现任青海华实投资管理集团董事长，兼任青海互助青稞酒股份有限公司董事长。他热心公益事业，主动参与光彩和慈善事业，累计捐资数千万元。在事业上，他致力于将青藏高原独特的青稞酒品类推向全世界，将"天佑德"品牌打造成健康持续的全球品牌。

主持人简介

赵普，著名主持人、普雷资本创始人、中国手艺发展研究中心创始主任、东家App联合创始人。中国首届MFA（艺术传媒硕士）。2006年，中央电视台大型早间新闻节目《朝闻天下》创始主播，2012年，《晚间新闻》改革版首席主播。2016年，正式加盟东家App，成为联合创始人；2017年，创立普雷资本，聚焦文创投资。

君乐宝的崛起和商业准则

2008年，国产奶业一场史无前例的危机发生了。这就是"三聚氰胺奶粉事件"。石家庄一夜之间被愤怒、羞耻、怨恨的阴霾笼罩，成为众矢之的。当时，虽然君乐宝乳业一直独立经营，没有生产过奶粉，其他产品检测都是合格的，但还是受到牵连，停产了13天，连续8个月亏损。

10年过去后的2018年，君乐宝婴幼儿奶粉已在全球奶粉行业第一家通过了食品安全全球标准BRC A+顶级认证，成为首个在香港、澳门销售的国产奶粉品牌，产销量已经进入行业前列。目前，每天饮用君乐宝奶粉的消费者已经超过150万人，君乐宝为国产奶粉打赢了一系列"逆袭"翻身仗。

10年的时间，君乐宝是如何在乳业废墟中崛起？魏立华这位乳业老兵如何带领团队破局制胜？是怎样的磨砺成就了今日的涅槃重生？2018年6月20日，君乐宝乳业集团总裁魏立华来到中国传媒大学广告学院《企业营销战略》公开课为我们分享君乐宝的崛起之路。

图1 魏立华在课上做精彩分享

置之死地而后生的决心

2012年，君乐宝乳业集团总裁魏立华赴德国参加全球包装行业的展会。所有同行的人刚刚安顿好，就都跑到超市或药店抢购奶粉。整个展会期间魏立华都没好意思拿出自己的名片，也不敢说自己是做乳业的。但是从那一刻起，魏立华便暗下决心，君乐宝一定要把奶粉做起来。

从德国回来后，魏立华就和君乐宝的管理团队谈起生产婴幼儿配方奶粉的想法，获得了公司管理层的一致赞同。然而，在"三聚氰胺事件"的尘埃尚未散尽的时候，在河北石家庄生产婴幼儿配方奶粉，谈何容易？

魏立华请来的资深营销专家用SWOT工具分析一看，君乐宝生产婴幼儿奶粉几乎没有优势，全是劣势，没有机会，全是威胁。

做还是不做？如果继续做，能不能到国外注册？能不能注册一个新公司？如果继续用君乐宝品牌，万一做不好，君乐宝二十年的家底就全没了。

总经理魏立华坚定地表态：第一，要在河北做，一定在石家庄做；第二，要用君乐宝做品牌，把君乐宝压在这，成也得成，不成也得成，没有别的选择。

建立商誉的努力和策略

刚开始做婴儿奶粉，摆在君乐宝面前有两座大山：第一是产品从哪儿来？第二是产品怎么卖出去？

以世界级标准建立产业链模式

一是率先推出全产业链模式，即牧草种植、奶牛养殖、生产加工全产业链一体化生产经营模式，确保产品的安全放心。经过多年的发展，君乐宝已自建9个大型现代化牧场，原奶主要指标优于美国、日本和欧盟标准。对所有合作的奶牛养殖场、养殖小区，全部采用规模化、标准化和集约化经营管理模式，集中规范化饲养率、机械化挤奶率均达100%。

二是首创了"四个世界级"模式。自建现代化牧场，原奶指标优于欧盟、美国、日本标准；优选全球顶级供应商，与爱尔兰

KERRY、荷兰皇家帝斯曼、以色列领先油脂等企业战略合作；建设全球领先的工厂，用国际一流的工艺设备做婴幼儿奶粉；引进了食品安全全球标准 BRC 和国际食品安全标准 IFS 双重管理体系。

减少中间环节，制定有竞争力的价格

优质的品质也要有合理的价格。欧洲的奶粉在药店里面卖，折合人民币 100 元左右，国内的外资品牌婴儿奶粉，无论哪里卖的价格都在 300~400 元。奶粉是百姓的日常消费，君乐宝奶粉以 130 元左右的"平民价"问世。做惯了高价奶粉生意的渠道商不愿意接受，怎么办？君乐宝的策略是以网络和电话直营的方式销售，减少中间环节。经过不懈努力，君乐宝奶粉电商销量节节攀升：2014 年的"9·9"大促销中，君乐宝奶粉单日销量首次突破 374 万元，在同类商品中排名第一；同年 11 月 11 日，天猫"双 11"活动中，君乐宝奶粉更是以 2830 万元的销量高居榜首，成为"双 11"全网奶粉第一。

持之以恒与消费者沟通

君乐宝奶粉上市之初，面临着巨大的困难这是意料之中的。

魏立华回忆，2014 年君乐宝刚做奶粉时，人家一看奶粉是石家庄生产的干脆就不要，即便收下了也不敢喝。曾经有个老朋友跟我说，老魏你以后别再送了，上次送的都没喝呢，不敢让孩子喝！

如何打开消费者的心门？第一招就是送奶粉。君乐宝在当时销售的每个酸奶箱里放上优惠卡、感恩卡，每张卡价值 2000 元钱，可以用来购买奶粉。第一批发出 30 万张，开卡率极低。后来通过中央人民广播电台播放奶粉广告，消费者一打电话来咨询就送奶粉，最多的一天有 30 多个咨询电话，大家都很高兴。但回访发现，有人用奶粉蒸馒头了，有的是家里大人喝了，还有的是给小狗吃了。听到反馈，员工们一阵心酸，眼泪哗哗地流。魏立华却说，人家的狗跟自己家人是一样的，有时候人们对狗比对人还好，继续送，只要打进电话我们就送。

如何快速让更多的消费者认知君乐宝奶粉？魏立华说，首先需要让更多的消费者有机会深入了解君乐宝奶粉。君乐宝接近消费者的第二法宝就是邀请消费者来牧场参观。2015 年君乐宝优质牧场获批了国家 4A 级旅游景区，年游客接待量达到百万人次，现已成为华北地区知名的工业旅游特色园区。很多来参观的消费者都反映：没想到牧场这么好，牛床特别干净，环境比很多居民社区都好。游客参观以后就开始发朋友圈，通过口碑传播，越来越多的消费者开始认识并认可君乐宝奶粉。

进入国际市场，证明品牌品质

君乐宝奶粉初步得到国内消费者认可之后，决定乘胜追击进入香港市场。魏立华的目标很明确，希望在更国际化的市场上确立自己的产品信心和行业地位。

香港市场与内地市场不同，产品和品牌选择更多，也就意味着对君乐宝奶粉的挑战更严苛。在香港食品安全第三方检测"小鱼亲测"中,君乐宝奶粉的测试结果在检测机构抽选的所有品牌中安全等级最高,这证明了君乐宝奶粉的质量可靠可信。香港市场的成功让企业对产品更有自信,品牌也得到了更多消费者的认可。

君乐宝的企业文化和商业准则

让每一个中国孩子都能喝上世界顶级的好奶粉,是君乐宝做奶粉的初心,是企业的责任,也是企业的使命。

图2　2017年1月24日,习近平总书记到君乐宝调研

习总书记在君乐宝调研时明确提出,要让祖国的下一代喝上好奶粉;让国产奶粉在市场中起主导作用;打造出具有国际竞争力的乳业产业,培育出具有世界知名度的乳业品牌。

企业领导要有锲而不舍的恒心

魏立华有一个偶像是澳大利亚的残疾人尼克·胡哲，胡哲出生时就没有胳膊没有腿，但他凭借坚强的意志，在大学获得会计和财务规划两个专业的双学位，2008年创设一个名为"Life Without Limbs（没有四肢的生命）"的非营利组织，坚持自己的全球演讲，还出版了《人生不设限》《永不止步》《坚强站立》等著作。魏立华认为，君乐宝跟胡哲一样，虽然受到创伤，但只要不放弃，一定可以站起来。

在君乐宝着手生产奶粉的同时，魏立华开始跑步。起初，每天只跑200米，慢慢地增加到400米、600米……如今他每天都跑10公里。2016年11月，他去雅典跑马拉松，全程用了4个半小时。在奔跑的过程中，魏立华参悟着管理的真谛：做企业跟跑马拉松一样，得坚持，要努力。

以商业准则铸长青基业

魏立华认为，君乐宝要基业长青，就要对自己有高要求。君乐宝一个中心、五个基本力，以及九条商业准则如下。

一个中心，指的是企业要有愿景，要有使命，企业和企业家不能只是一味地追逐利润最大化。一个企业要有它的愿景，要有它的梦想，君乐宝的愿景是要成为中国营养健康食品企业领先者，君乐宝的使命是让全体员工在精神、物质两方面得到幸福的同时，为消费者提供营养、健康、安全的食品。

图3　君乐宝的使命

君乐宝在商场实践中形成的独有文化，或者叫商业准则，也是铸就君乐宝品牌成长的基因。

第一，规划力。要有规划职业生涯的能力。

第二，目标力。要有目标，每年都有自己的目标，一定要具体，必须有明确的数据，目标挂到墙上，天天看。因为有目标就有动力，所以每个人要有一年的目标，要有一个月的目标，甚至每一天的目标。

第三，检讨力。要检讨自己，往往好多自视清高的人，自大的人，都容易出问题。检讨自己的不足，哪里是缺点，哪里是优点，怎么改进，天天提醒自己，慢慢就会提高。检讨的能力是个人和企业成长的能力。

第四，学习力。要善于学习，遇到问题要找自己的问题，向比自己更强的人、向身边所有的人学习。

第五，坚持力。坚持是成功的不二法则。所有的成功者最后靠的都是信念，有一丝杂念就可能会功亏一篑，我们必须成功，没有别的选择，一定要坚持到底，直到成功。

君乐宝的商业准则

■我们遵守法律

■我们诚实经营

■我们时刻坚守产品安全与质量

■我们准确、诚实地记录

■我们履行商业承诺

■我们以尊严和尊重待人

■我们保护君乐宝信息、资产和利益

■我们与所有利益相关方共同成长、共同合作

■我们积极回报社会，承担社会责任

图 4　课堂上魏立华与郎永淳对话

课 堂 访 谈

郎永淳： 和您同时期做乳业的，尤其是河北石家庄的乳业企业，很多已经死了，没有机会了，您觉得他们错在什么地方？是没有做到全产业链吗？

魏立华： 这是一方面，关键还是信念和价值观的问题。我们是想做良心产品的，我们君乐宝的产品，我们的家人朋友都在喝，我就是想把产品做好，这样做会得到越来越多的认可，我们的产品就会卖得好。

郎永淳： 你做的不仅仅是一个产品，得是一个良心的产品，对得起所有的消费者。

魏立华： 对，在最难的时候，我们也没有放弃。我们一直在想我们能做什么？能不能从失败中汲取经验。人生很多时候挫折可能就是一个新的开始，也可能就是一个起点，很多人说如果没有"三聚氰胺事件"，君乐宝就起不来，这个大挫折是我们获得成功的一个起点。

郎永淳： 不能坐而论道，一定要迈出第一步。

魏立华： 很多时候我们想太多了。如果想的都是问题，想太多万一，到最后都干不成。

郎永淳： 从君乐宝奶粉的成功中你悟到了什么？

魏立华： 我觉得做人是第一的。我们工厂里都有企业文化标语，我第一个工厂写的是"先做人，后做事"，第二个工厂写的是"世上无难事，只要肯认真"，第三个工厂写的是"厚德载物"。每一个工厂我都讲做人的准则和原则，包括刚才我讲的商业准则，这都是悟出来的。要诚实经营，诚信是说了算，诚实是要实打实，要回归本性。

讲座嘉宾简介

魏立华，君乐宝创始人、总裁。清华大学EMBA，全国工商联中国民间商会副会长，并担任国际乳品联合会（International Dairy Federation，IDF）中国国家委员会委员、中国奶业协会副会长、中国乳制品工业协会副理事长等社会职务。作为一名23年的奶业"老兵"，魏立华用专注与坚守，带领企业发展成为中国乳业四强，集婴幼儿奶粉、低温酸奶、常温液态奶、牧业全产业链经营于一体，被誉为"中国良心奶捍卫者"，他还先后荣获全国劳动模范、全国群众体育先进个人、河北省劳动模范、CCTV2015年度"三农人物"等多项荣誉称号。

主持人介绍

郎永淳，找钢网首席战略官、高级副总裁，中国互联网协会"互联网+"研究咨询中心副主任，香港大学管理学博士候选人，央视《新闻联播》前主播。

九阳的原创之路

不知从何时起，人们逐渐养成了自己在家熬煮一杯五谷豆浆作为早餐的习惯，相比在外购买餐食，自己制作更让人安心。然而20多年前，还没有豆浆机这样一件电器。一切都要从九阳的故事开始说起。

2018年6月13日，九阳电器董事长和创始人王旭宁来到中国传媒大学广告学院《企业营销战略》公开课为我们分享九阳电器的原创之路。

原创之路：发现未知的世界

中国原创，发明人王旭宁

豆浆，是中国传统饮食中最负盛名、最受欢迎的饮品之一，其历史可追溯至两千多年前的西汉时期，相传是由淮南王刘安最先创制，豆浆口感细腻润滑，营养丰富又易于吸收，自那时起便成为中国人饮食习惯中不可或缺的一部分。过去熬煮一碗豆浆，需提前将黄豆浸泡一晚，然后将泡软的豆子放入石磨口,一边研磨一边加水,磨出豆汁。用纱布将豆汁中的豆渣滤掉,即得到生豆浆,再加适量的水煮熟方可饮用。豆浆虽然美味,但颇费一番功夫。

正因为磨豆浆费时费力,让王旭宁产生了发明豆浆机的想法。

1969年,王旭宁出生于烟台栖霞的一个教师家庭。栖霞地处胶东半岛中部的冲积平原,几千年来,独特的沙质土壤孕育出富含多种矿物质的瓜果蔬菜,尤其"红富士"苹果更是蜚声中外,栖霞也被誉为"苹果之乡"。王旭宁家楼下就是一望无际的苹果园,一到秋天,满山遍野都是红苹果。果园东北有位做豆腐的老大爷,已经60多岁,见大爷手脚不太利落,王旭宁没事就去帮着推磨,一来二去,祖孙俩成了忘年交,王旭宁也自此喜欢上了喝豆浆。

自小受到父母良好的教育,王旭宁的学习成绩一直不错,1994年大学毕业后,他被分配到济南铁道职业技术学院做老师。第二年暑假,他回栖霞老家探望父母。当时,做豆腐的老爷子已经75岁,早已磨不动豆腐,但看到王旭宁回来,还是坚持要给他磨一碗豆浆,泡豆子、推磨、过滤、蒸煮,一干就是七八个小时。看到老爷子颤巍巍端过来的豆浆,王旭宁深受触动,他立下决心一定要发明一台方便老人使用的豆浆机。

回到学校,王旭宁便一头扎进实验室,一门心思地开始捣鼓起食品加工机、咖啡机等各种小电器来,整天琢磨的就是变压器、过滤网。而豆浆机的设计,远比咖啡机要复杂,在借鉴了料理机和饭煲的相关机械结构之后,王旭宁用了半年时间研制出了第一台豆浆机。

当得知用这台豆浆机熬煮豆浆全程只需要一刻钟,老爷子惊呆了,闻风赶来的邻居也惊呆了。第二天,王旭宁父母家涌来几十位乡亲,都想要见证这台机器的魔力。

就这样,在欧美国家主导的家用电器行业,中国人发明了第一台自己的家电,谁也没曾想到还有一个潜力巨大的豆浆机市场等待开发。看到乡邻的反应,王旭宁敏锐地觉察到豆浆机的市场潜力,思虑再三后决定辞掉稳定又体面的教职工作,和三位同学一起凑了25万元启动资金决心创业。王旭宁将名字中的"旭"字拆开,将豆浆机命名为"九阳"。1994年,山东九阳小家电有限公司在济南市解放路58号成立了。

战略调整从攻心开始

当在老家广受喜爱的九阳豆浆机来到济南市中心的泉城广场展卖时,却叫好不叫座,围观的人多而买的人少,即便王旭宁现场演示如何做豆浆,请大伙免费品尝,效果也不好,"一个星期下来,累个半死,却一台也没有卖出去。"这与之前在亲戚朋友之间的反响完全不同,怎么回事?"城里人都爱喝牛奶,没有几个人喝豆浆,"直到一个跳广场舞的大妈告诉王旭宁,他这才恍然大悟。

看到曾经深入人心的传统饮食如今已让位于西式生活方式,这让王旭宁颇为感慨。既然城里人与农村人口味不一样,王旭宁决定先让城里人重新认识到豆浆的益处,先推广豆浆,再卖豆浆机。1994年8月,他专门设立了豆浆营养研究室,将我国《神农本草经》《本草纲目》等医学著作中关于豆浆的功效摘录下来，并按照"利水下气""制诸风热""解诸毒"等分门别类，印制成宣传册，在市中心、趵突泉景区、公交站等地派发，一发就是5万本。此后，王旭宁走访了济南50多个村落，搜集到了五谷豆浆、花生豆浆、红枣豆浆等25个豆浆的经典配方，在此基础上编撰出《鲜豆浆营养食谱》。1994年底，他用3个月的时间走遍了济南1000多所中小学，免费赠送豆浆食谱。经过半年多的宣传，开始有顾客咨询豆浆机，到了1995年2月，已经有了20多份订单，虽然历经一番波折，但九阳的事业还是慢慢起步了。

既然是开辟一个全新的市场，对消费者的宣传必不可少。因此自创业之初，九阳始终重视各种营销方法的灵活运用，并逐渐沉淀为九阳企业文化中的一部分。在日后的发展中，九阳也始终能够紧随时代的变化调整自己的营销思路。在当时，除了派发豆浆宣传册与食谱，王旭宁还在当地的《齐鲁晚报》投放软文广告，题为"让豆浆更香更浓""喝出健康"。千余字的短文首先从大豆与豆浆的健康讲起，末尾提到方便快捷的九阳豆浆机。在报纸极具权威的年代，软文广告的效果令人惊喜，刊登后一个星期就卖出500多台。报纸也成为九阳在20世纪90年代主要投放的媒体，涵盖全国各主要城市的日报。在报纸广告的促进下，豆浆机在各地的销量不断增长，由王旭宁一手开拓的豆浆机市场慢慢建立了起来，豆浆重新走进了千家万户。

图1　九阳最早的报纸广告

匠心独运：以一己之力做大品类

央视广告发力，豆浆生活馆建立

九阳电器早期的成功证明了消费者对豆浆机的认可与喜爱，在全国的各级地市中应该还有更大的市场。2006年，九阳豆浆机销量已逾5万台，遍布北京、上海等15个省市，并拥有数项专利技术。为了进一步提升九阳品牌在消费者中的认知度，王旭宁延续了此前媒体广告与口碑传播双管齐下的制胜套路。只不过随着时代的推移，执行起来又各有不同。

2006年是电视媒体的天下，而在电视媒体中最具公信力、受众群最广的首推央视。为了进一步打开全国市场，王旭宁购得央视《新闻联播》《天气预报》两大黄金时段的7.5秒广告，开始强化宣传。"健康好豆浆，九阳轻松做"的口号便是那时被广大消费者熟知，温馨的形象逐渐树立起来。这也是小家电行业在央视重要时段的第一次投标。央视强大的号召力以及对于品牌的背书帮助九阳进一步打开了销路。

在面向全国投放电视广告的同时，为了让更多省外的顾客更好地体验九阳豆浆机，王旭宁在石家庄建立了第一个九阳生活馆，"顾客可亲自体验做豆浆的过程，包教包会。虽然生活馆的客流量不大，但成交率却相当高。"过来十多个人，能卖出七八台豆浆机"，九阳品牌的美誉度也在点滴中积累着。2007年，九阳豆浆机销量较2005年翻了整整200倍，达到1000万台，销售收入突破25亿元。

乳业的危机给九阳机会

就在九阳平稳向前发展的时候，又迎来了一个意外的契机，而机会永远只留给有准备的人。2008年，因为三聚氰胺事件，乳业被安全问题的阴云笼罩，纯天然、无添加、健康营养的豆浆再一次受到人们的追捧。这个不期而至的机遇，被王旭宁一把抓住。在此形势下，王旭宁立刻加大促销力度，在沃尔玛、大润发、麦德龙等9大连锁零售机构进行现场促销。与此同时，他在全国招募了1500名经销商，并在北京、广州、沈阳等建立了1500家九阳生活馆。为了打消人们对转基因大豆的疑虑，九阳将业务延伸至豆制品原料的售卖。为了让老百姓喝上放心的大豆，王旭宁二话没说就去了东北，在黑龙江佳木斯三江平原，签约了60万亩黑土地，确保种植纯天然、无污染的大豆。一年后的九阳生活馆，出现了销售装、赠品装等8种

"非转基因高蛋白大豆"包装。仅 2008 年,王旭宁就卖出 5000 吨大豆。这也成为九阳售卖健康食材原料的开端。而豆浆机的销量更是突飞猛进,营收一举突破 43 亿元。

产品研发追求极致

相比一个电器工程师,王旭宁更像一个工匠,不断打磨自己的产品,"做产品的人,做出一款好产品,是最大的成就感"。

在过去的 20 余年间,九阳豆浆机经历了 11 次重大技术升级,研磨技术经历了由无网技术到五谷精磨技术,超微精磨技术,再到超微原磨技术的升级;破壁率由最初的 30% 达到如今的 90%。

为了让豆浆机熬出的豆浆更加香浓丝滑,在易吸收的同时又要保证营养成分的存留,九阳技术人员仔细研究了豆浆熬煮的温度曲线,经过不断的调试与实验,九阳豆浆机精确控制熬煮过程在 70℃灭酶增香,升温至 86℃进行初乳释放,96℃时破壁精磨,100℃灶火萃取,随后降温至 96℃均质醇化。加热技术从以前的"加热管加热技术"到"底盘加热技术"再到"环形立体加热"、立体熬煮技术、智能营养芯技术,让豆浆口感更香浓。

2018 年 3 月,技术突破无极限的九阳电器又推出了全新黑科技——主打免洗功能的无人破壁豆浆机,搭载自清洗、自出浆等最新技术。出浆后机器自动清洗内腔,经过水泵清洗、高温蒸洗、刀片搅洗三道工序,不仅无须手洗,甚至比手洗更加干净,极大地减轻使用负担。强劲的电机进一步提升了粉碎的效率,研磨出的豆浆没有豆渣,可全部饮用。九阳电器为无人破壁豆浆机专属配置了全新的熟料包，只需 5 分钟，就能喝到健康、养生、口感佳的美味豆浆。机器还专门为匹配的每一个食材料包定制了专属程序，每个程序都是由国医大师和九阳实验室研发团队打造，一键即可，尽享美味。传统豆浆机制浆需要经过一段时间的摸索和经验积累，给很多初次使用的用户带来困扰。而食材料包的出现快速解决了用户准备食材和搭配的苦恼，用科学的配比保证了营养与口感。九阳推出的不同料包配方还针对不同人群、不同需求做了专业配比，使其食疗功效性更强，能满足消费者的个性化养生需求。不仅如此，无人破壁豆浆机还可以榨果汁、煮咖啡，用微信智能预约，手机操控，将熬豆浆这件事提升到一种前所未有的享受程度。这样极致的产品体验，尽管价格比之前的产品贵出许多，但上线第一天还是卖出了 1000 多台，受到了顾客的广泛好评。

图 2　九阳无人破壁豆浆机

华丽转身：厨房小家电的领导者

产品延伸、再造厨房

今天的九阳希望让厨房更加简单、智能、温馨，让做饭这件事变得更有乐趣。谈及九阳的立身之本，王旭宁说："九阳是从一杯豆浆开始的，我们既然做了豆浆机，就要把豆浆做好。我是从小喝豆浆长大的，从一杯豆浆走进千家万户，同时也带来了九阳的发展。"这种对于产品的执着追求如今更升华为一种关爱，希望为百姓提供更健康、更美味的饮食，更便捷有趣的烹调体验。从一杯好豆浆、一碗好饭开始，是一个厨房工匠最纯粹也最真挚的追求。生于厨房，成就于厨房的九阳，未来依旧希望在厨房这方小小天地中发光发热。带着这样的关怀与期待，九阳开始研发其他厨电产品，并逐步成长为厨房小家电行业的领导者。

在九阳创新基因的驱动下，依据中国人的饮食习惯，九阳发明了第一台面条机，只需加入水、面，20分钟即可得到自然无添加的自制面条。九阳面条机可以智能地控制水与面的比例，35%的黄金用水量，和面成团后自动静止醒面，精制的304不锈钢螺杆，分为输送面絮的送料段、充分挤压面絮的挤压段、擀出均匀好面的擀压段，超过1200次的擀压还原了手擀的劲道口感。不仅如此，还可以加入果蔬汁制作五谷面条，利用多种模具制作龙须面、宽面、空心面，甚至是饺子皮。针对不会做菜但又想吃自制的健康餐食的年轻人，九阳又发明了炒菜机器人，集成智能语音教学与海量食谱，只需将原料与调料备好，放入机器中，30分钟便可以烹调一桌菜，智能翻炒无油烟，健康省时又省力。产品推向市场后，炒菜机器人同样受到会炒菜顾客的喜爱，因为能远离油烟的伤害，备好料后便可以去做自己的事情，非常省心。

九阳持续发力发明了中国第一台冷热型破壁机、无油空气炸锅、便携式胶囊破壁机、珐琅铁釜电饭煲等厨房电器，目的是让人们更加轻松方便地品尝健康的美食，搭载的智能系统实现了手机远程预约操控，厨房从此进入全新的智能时代。九阳不仅从豆浆机一跃成为厨房小家电的旗帜性领导品牌，更是用其关爱与创新的精神重新定义了下一代厨房。

洞察消费趋势创新媒体策略

成就国民品牌需要营销传播的持久助力。从创业开始，九阳电器就擅用营销攻心术，随着消费者的变化，九阳电器也在不断创新调整媒体策略。九阳电器发展到现在，将主要消费群体瞄准了有宝宝的年轻父母，相比点外卖、吃快餐的青少年，他们更在意饮食的健康与营养的均衡，许多人都是从怀孕开始决定自己下厨做饭，一直到孩子上中学，会坚持自己在家里做饭。从营销的角度挖掘这个群体的需求，九阳电器发现83%的消费者主动选择对身体健康有益的产品，79%的消费者更愿意选择高品质的产品，53%的消费者愿意为先进技术多付钱。同时他们也更加追求品位和格调，追求有品质的感觉，希望产品能代表他的品位，代表他的一种态度。

在瞄准消费者群体后，九阳电器紧紧围绕他们的个性特点与行为习惯展开传播。在当下以移动端作为主要传播载体，强调多元互动的媒体环境下，九阳大胆选择最潮流、最受年轻人喜爱的营销方式：在抖音上用破壁机破白酒瓶，在小红书上为大家推荐高颜值的胶囊榨汁机，在视频自媒体上以评测的方式推广新的产品，在微博上积极和粉丝互动。

不仅如此，九阳一直致力于契合消费者的心理需求，以时尚、自信的品牌气质，颜值与实力并存的品牌形象，表达年轻人的品位与态度。因此，九阳电器选择当红明星杨幂作为品牌代言人。杨幂的时尚对大众来说更易复制和跟随，这与九阳想要向大众传达的豆浆时尚概念更为契合。九阳电器想向消费者传达的是理念，是豆浆不再仅仅停留在传统的、限于早餐化的场景。换言之，喝豆浆，也可以变成一种年轻时尚的潮流。同时，九阳电器强调"豆浆自制"的理念，通过匹配杨幂的人生经历向更多女性传递一种生活观，在娱乐圈摸爬滚打十余年话题不断的杨幂，即使处在漩涡中心，也能用成就来证明自己，一步步转变为现在强大的自己。传播效果超出预期，杨幂代言九阳豆浆机的广告视频在微博播放量超过2000万次，多家微信公众号的报道获得超10万次的阅读量。在提出"人生味道自己制造"口号的同时，也成功将"豆浆自制"植入其中。亲自动手自制一杯豆浆，已经不仅仅是追求健康、追求营养、追求口感的体现，而是一种现代女性面对生活的坚持和选择，是一种即使战场兵荒马乱，也要将自己的生活细细打理好的时尚生活态度。

成为让人信赖的国民品牌

从发明第一件中国人自己的电器，让豆浆机这一全新发明深入人心，走上家家户户的餐桌，九阳从诞生之日便注定为中国厨房奉献自己的力量。九阳致力于通过自己的努力让每一个中国家庭吃上健康美味的自制食品，远离油烟伤害，让烹饪更加省时省心。民族企业的发展不仅要在技术水平上赶超世界标准，更应以体察入微的关照为自己的消费者研发更适合的产品。九阳始终为改变中国厨房的愿景而努力，研发的无人破壁豆浆机、冷热型破壁机、珐琅铁釜电饭煲、炒菜机器人、面条机、无油空气炸锅等等都是围绕中国人的烹饪与饮食习惯推出的产品。

九阳希望成为一个让人信赖的国民品牌，象征创新的技术与中式的健康生活，通过科技和关怀为消费者提供更好的健康厨房生活解决方案，让烹饪变得轻松。中国的饮食文化独一无二，博大精深，相信在九阳等厨电品牌的不断努力下，我们将会拥有更温馨、更智能、更艺术的中国厨房。

课 堂 访 谈

张泉灵：最近的 10 年社会变化很快，面对新的市场、新的消费者、新的生活模式，您会不会觉得这种外部变化太快了？会不会有压力？该怎么办？

王旭宁：唯一不变的就是变化。消费环境在明显的变化，而最大的变化就是消费升级。原来我们觉得应该买得便宜，性价比是唯一的选择。但今天大家发现，越来越多的消费者不仅要性价比，更要体验好、技术好。还有一些消费者，只要产品的颜值高，能够打动我，我愿意多付一些钱。面对变化，只有去积极适应这些变化。

张泉灵：豆浆机的行业是九阳开创的，但当你要把产业链向外延伸，进入今天更智能的厨房市场，身边就会出现美的、海尔等强势的竞争者，这时怎么办？

王旭宁：每个企业都有自己的优势和特点，我想对任何企业来说，最大的竞争对手还是自己，必须让自己做到更好。我想，对于九阳来说，把自己的产品，特别是原创类的产品做好，我们的用户一定会买账。

张泉灵：那怎么拉开差异？在豆浆机方面我们会更相信九阳，但如果是选购电饭锅，我们怎么认知九阳的区别和优势？

王旭宁：其实每个产品都需要做好。九阳在豆浆机、榨汁机、料理机、大料理机的品类还比较有优势，这些品类也让我们沉淀了忠实的用户群，其他的品类，像饭煲，大家看到我们做的铁釜和珐琅饭煲也是蛮有特色的，我们选用的胆是最好的，没有人把珐琅用在饭煲上去。自然，九阳的忠实用户一定会选择九阳的饭煲。

张泉灵：我不怀疑忠实的用户，除了在您非常核心的产品上，我认为剩下的差异化其实都是很容易被打破的。你今天卖得好，马上就有人跟，而且没有什么在今天中国的产业链下，是你做得到但别人做不到的。

王旭宁：其实还是坚持，我们坚持品牌的理念和初心，不光做一个好的饭煲，还要保证做的饭好，这些基本的做到位，你的产品一定会被用户所接受。在此基础上，你的生活态度，你品牌的态度再赋予上去，会赢得越来越多的用户群的接受。

张泉灵：我认为九阳是一家把旗帜性产品做到极致的企业。凭借单款豆浆机上市，让豆浆机等同于九阳，这个品牌定义是深入人心的。即便今天有很多的"90后"家里没有用过豆浆机，他们也知道九阳的豆浆机，也就是说这根扎得足够深。我们从企业管理的角度来讨论，当你扎得足够深的时候，是有机会横切的，比如说延伸到整个厨房家电。但是这样的横切也会有新的障碍。这是我们今天讨论品牌的时候要问的问题，我们承认九阳等于豆浆机，但会不会九阳只是豆浆机，你真正做出了最好的饭煲，大家其实并不买账，除了您的核心用户群。

王旭宁：泉灵老师问的这个问题，是一个全球的难题。你在一个品类里建立起一个强烈认知的时候，这既是你的品牌资产，也是品牌拓展的一个挑战。在这个问题上，除了我们要把常规做好之外，更要跨越产品，要超出产品，要成为一个群体的代表，甚至我们说高一点，是生活方式的代表，他们在选择具体产品的时候，他相信你所有的产品都做得好。

张泉灵：我曾经是九阳的用户，但是我今天看到这台豆浆机的时候，远远超出了我对豆浆机的认知，我印象里还停留在过去每次使用后要清洗10分钟。所以在我的上一台豆浆机坏了之后再也没有买过。再也没有买这件事情很可怕，这意味着豆浆机的需求已经被我屏蔽了。假定我不是今天在这样一个活动里碰到了您,有什么渠道可以让我知道我其实需要豆浆机,而且现在没有那么难用?

王旭宁:泉灵老师是我们曾经的用户,今天她讲的这个感受,让我看到我们豆浆机的市场潜力还有很大。其实今天是一个信息多元化,也是媒介多元化的时代,要把一个好产品有效传递到用户当中,让他看得到,摸得到,是一个很大的挑战。10年前,只要央视播出来,全民皆知。而今天不是这个时代了。我们也在探索,虽然那个时代永远过去了,但我觉得本质没有变,消费者越来越理性,越来越现实,你的产品一定要好。第二点,还是要把最有效的功能表达出来——这个豆浆机不用洗,也许它的颜值不错,它的粉碎技术和加热技术都比以前要高,但最显著的是不用洗,在我们所有的传播当中,如果把不用洗的特点讲透,就能让这套产品卖得好。

图3 王旭宁课后接受张泉灵采访

讲座嘉宾简介

王旭宁，中欧国际工商学院工商管理硕士，本科毕业于北方交通大学、高级工程师。九阳股份有限公司成立于1994年，2008年5月在深交所正式挂牌上市，市值超过百亿元。九阳致力于倡导健康的饮食生活方式，通过产品和服务的持续创新，为消费者创造健康、便捷的健康饮食解决方案。

图4　王旭宁课上精彩分享

主持人简介

张泉灵，原央视记者、主持人。曾主持知名栏目《东方时空》《焦点访谈》等，并参与了大量新闻现场直播报道，曾获得金话筒奖、金鹰奖和中国新闻界的最高奖项"范长江奖"，第

19届中国十大杰出青年。2015年7月，担任创业平台"傅盛战队"顾问，同年9月，与猎豹移动CEO傅盛共同创立紫牛基金，并担任合伙人，致力于早期天使投资与孵化。目前已经投资的项目：编程猫、张怡筠教育、殷宜燕的窝、年糕妈妈、混子曰、猎户星空、越凡机器人、天壤智能、术康、博脑等三十多个项目。

简一的定位战略和实践

2018年7月11日,中国首次进入全球创新指数20强,成为唯一一个进入全球创新指数前20名的中等收入国家,"中国是唯一一个创新指数持续攀升的国家。这是巨大的进步。"世界知识产权组织总干事弗朗西斯·高锐如是评价。

2018年4月16日,靠持续创新引领行业的佛山简一陶瓷有限公司2018年新品发布会于意大利Sassuolo的Terme Salvarola酒店隆重举行。这是自2009年简一全球首创大理石瓷砖之后的第十代瓷砖发布,每年一代新产品,一块瓷砖十代科技。

从简一首创大理石瓷砖这一品类至今10年,涉足大理石瓷砖品类的企业300多家,专门经营大理石瓷砖品类的企业50多家,简一始终保持品类第一的领先地位。2018年5月16日,简一陶瓷董事长李志林来到中国传媒大学广告学院《企业营销战略》公开课,分享了简一企业的定位战略和实践。

生存游击战

快乐的瓷都工匠

李志林生在景德镇,毕业于景德镇陶瓷大学,投身于唯一与国(china)齐名的行业,骨子里除了浸润着千年瓷器文化精髓和景德镇人不断创新进取的精神,还带有学以致用的热情与信念。陶瓷专业出身的他,对工艺技术的精益求精让简一从开始就走上与众不同的发展之路。李志林提到,大学毕业至今30年,他没有从事过其他行业,一直在做瓷砖。创业经营企业也没放弃自己的专业,始终参与产品开发、技术研究,带学生开展科研项目。因此他称自己为"快乐的工匠"。"为什么我快乐?因为我喜欢,我非常喜欢、热爱这个专业,我的故乡就在瓷器之都景德镇的附近。中国也号称瓷之国,其实这个行业挺伟大,唯一一个与国齐名的行业,而我确实是学有所用,享受这份工作,我很快乐。"

初创时期的游击战术

游是走,击是打,游而不击是逃跑主义,击而不游是拼命主义,游击战的精髓是敌进我退,敌驻我扰,敌疲我打,敌退我追。擅长使用游击战术的简一,在商战中快速部署兵力,合理选择作战时机,战斗结束迅速撤退,在短短 6 年间,简一存活并壮大起来。

　　李志林回忆，2002年最初创业的时候就像在打游击战，每3~5年简一总能开创新产品，等市场铺开全行业跟风的时候，简一果断转战下一个新产品。那时的简一为了避开与同行陷入低价竞争的自伤境地，一直在积极研发新品，以专业技术见长的李志林迅速带领简一在陶瓷行业站稳脚跟。那时，为求生存，简一几乎什么品类都做，凭着一股创新精神，先后推出了抛光马赛克产品"五度空间"、仿天然石产品"地脉岩"和羊皮砖，市场反响都非常好，当时的简一虽然规模不大，但是盈利能力还不错，慢慢在成长。然而，随着市场发展，许多企业也推出同品类产品，核心优势不稳固份额被瓜分，生存面临着挑战。李志林深知，游击式的打法只会让竞争更加激烈，最后的结果是利润如刀片一般薄。面对同行们的围追堵截，简一的游击战不能这么一直打下去。

成长中寻求战略突破

分析行业成长模式，寻求突破点

　　转眼至2008年，简一的销售额已经过亿，既然企业已经存活下来了，李志林就开始思考未来方向在哪里。李志林把行业里的带头大哥们都分析了一遍，总结出6个成功模式：高举品牌型、出口导向型、贴牌代工型、生产半成品型、产品个性化型、生产规模化型。然而，每个模式都不适合简一。这时李志林陷入了彷徨与恐慌。

"那个时候挺紧张的，花了一年时间天天开头脑风暴。突然有一天醍醐灌顶，我们做了这么多年瓷砖，瓷砖是什么？从专业角度看，瓷砖是瓷泥和瓷沙，成型以后烧出来。但是从顾客角度去看这就是一个装饰材料，装饰材料只在功能和效果上突破就可以。高端装修材料是天然石材，普通瓷砖是进不了五星级酒店的，为什么高端的地方要用天然石材？因为它的确是纹理自然，色彩丰富，铺起来大气。为什么我不用瓷砖的方式还原石材的美？"

品类侧翼战

作为装饰材料的瓷砖，产品创新体现在两个方面：一是产品的功能性创新；二是产品的美学性创新。李志林带领团队，将大理石与瓷砖结合，全球首创大理石瓷砖这一装饰材料新品类，这意味着简一不仅能在原有的瓷砖市场中淘金，也能在高端大理石市场中分到一杯羹。掌握了这一核心思想的简一就在2009年开始了第一次转型——品类侧翼战，采取差异化聚焦战略。这次产品创新，为简一后来成为行业领导者，在全球大理石瓷砖领域保持10年第一的地位奠定了基础。服务过的品牌中不乏希尔顿酒店、喜来登酒店、万科地产、保利地产等行业领军品牌。

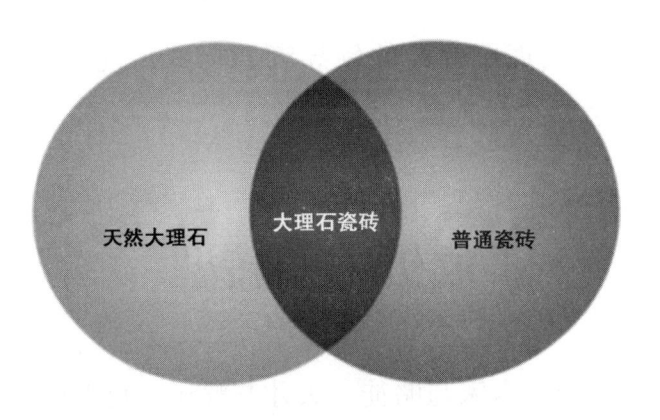

产品差异化

图 1　简一 2009 年采取差异化聚焦战略

差异化聚焦战略

　　差异化是指简一开创的新品类，而聚焦则是大刀阔斧地砍掉其他产品。简一砍掉了近 2 亿非大理石瓷砖产品的出口业务。李志林认为，企业在市场竞争不大的时候，多元化可能可以抓住更多的机会，但在竞争激烈的环境下，多元化意味着风险的增加。因此，简一大理石瓷砖成功推出后，李志林做了一个让人意想不到的举动：舍弃其他品类，专注于大理石瓷砖。李志林坦言，要把以前卖得很好的产品舍弃掉，他也有过不舍，但是不舍不得，大舍大得。于是，他义无反顾地往这方面走，聚焦于大理石瓷砖新产品，其他的通通砍掉，破釜沉舟、无路可退。至 2012 年，大理石瓷砖在简一的产品体系中的占比已达到 90%，大理石瓷砖品类也渐成气候。或许成功就是需要一种义无反顾的勇气，如今简一已经被公认为是大理石瓷砖的鼻祖，更是大理石瓷砖的领导者和标杆，说起大理石瓷砖，大家自然而然就会想到简一。

危机中的转型

胆识与莽撞，赢家与赌徒，天才与疯子，可能就是一线之间的差距。李志林从一个技术狂人变为行业内口口相传的疯子，让简一也变为名副其实的矛盾共同体。

李志林在简一官网专辟出董事长专栏，"回顾简一品牌16年的发展经历，其实每一个阶段都是充满各种挑战。我们曾面临过发不出工资的烦恼，也面临过电荒时的无奈，我们曾面临过政府腾笼换鸟的大迁徙，也面临过自我转型时的艰难决策。细细想来，这一路都是顶着压力走过来的。"

在发展的十字路口，转型是必然要面对的。当下的重点不是转与不转的问题，而是如何转，要快速转。形势逼人，竞争逼人，经营逼人，使命逼人。一是来自环保的压力进一步加大，不少产区要么被强制改天然气，要么被限产停产。二是行业连续3年的零增长，企业业绩不像以前可以从市场增长中"分肉"，而是必须从竞争对手的嘴里去"抢肉"。

三亿广告砸跌市场销量

2016年李志林出乎意料的举措打响了简一品牌侧翼战的第

一枪。简一宣布公司全面推行明码实价制，同时以 2.995 亿元拿下 2016 年央视《新闻联播》黄金广告资源。人们都说他疯了，在移动互联网盛行，电视媒体影响力趋弱的形势下，还花大价钱砸央视的广告。再者，瓷砖这个品类本身就属耐用品，谁也不会看了《新闻联播》的广告就去买瓷砖，何况铺在地面上连个 LOGO 都见不着，人们因为他的"荒唐"举动调侃他为"李三亿"。更让人意想不到的是，高价的广告投入换来当年销售额下跌 30%，明码实价引起了市场震荡。

瓷砖行业里的明码实价

明码实价在其他行业已经被消费者广为接受，但是在瓷砖、建材行业中确实少见。以前代理商从厂里进货，生产厂家提供指导价，市场价格由代理商决定，因为各个城市的销售成本不一样，销售能力也不一样。但也会出现一些问题，比如，卖高端瓷砖产品，价格过低会影响品牌形象，价格过高消费者会付出额外成本，影响品牌的销量。价格的透明化一直是瓷砖行业中很多企业想做却不敢做的事，甚至有的企业因为推行明码实价经营受阻、没落破产。

李志林在确定简一发展势头稳定，不会轻易翻船的情况下，勇敢地推行新的价格策略，推动品牌代理商转型为品牌服务商，转变从本质开始，盈利模式从赚取差价改变为服务变现。但代理商不会轻易走出舒适区，80% 的代理商还是在与消费者进行博弈，因此明码实价策略一经推出就意味着扭转势在必行，代理商想借与消费者商品价格信息的不对称性来撇脂是不可能的。李志林为表决心还专门在北京召开发布会欢迎外部媒体严密监督，对内则是制定处罚细则，如果服务商违规采用高价或者低价卖货将严厉处罚。

这样大刀阔斧地改革必然会有大阻力。一方面同行与消费者都习惯了原来的定价方式，虽然喜欢明码实价但信者罕有。另一方面价格策略变动所带来的销售下滑让销售老总们紧张不已，实行过程中产生的问题列出来有百条之多。李志林劝大家不要去看销售报表，先把100多个问题解决好，事情就能成。李志林这样的魄力来源于他坚信，明码实价才是消费者的真实需要，没有人愿意讨价还价。企业需要给消费者信心，让顾客对瓷砖销售的明码实价产生认同，特别是消费高端产品的客户越要高度认同，这种信心则是靠企业一年又一年的坚持建立起来的。

图2 合肥简一旗舰店公示明码实价监督保证和简一明码实价广告

品牌代理商变为品牌服务商

明码实价这一价格策略让简一的代理商成功转型为品牌服

务商，以前想方设法把货销出去，现在要施展才能满足顾客需求，满足了顾客需求，顾客自然愿意掏钱，主观上先利他，客观上后利己。此外，简一引入了一套"肖式服务法"，为品牌服务商真正服务好顾客提供系统解决方案和管家式服务体系。

但李志林认为这只是业界对简一过去几年的肯定，与其他品类相比，大理石瓷砖仍处于起步阶段。随着经济发展，现在每个行业里留下的都是强手，在未来30年的发展中，竞争加剧一定会产生更多专家型品牌，简一也要做其中之一，成为大理石瓷砖专家型领导者。

换头式自我革命

"大理石瓷砖的品类价值是拥有天然大理石的装饰效果，同时又保留瓷砖的优越物化性能。这就让许多喜欢天然石材，又担心天然石材难打理、价格高、品质难保证的消费者多了一个好选择。作为大理石瓷砖的领导者，简一的使命就是让更多消费者在保护自然的同时，享受到自然之美。建厂拓业，应谐和自然，善待环境，以为己任，莫敢忘怀。"

李志林在其创新创业的梦想路上执著前行，而今又迎来中国创新制造、国内消费升级、行业产能过剩的三期叠加时代。李志林认为，中国的瓷砖行业总产能136亿平方米，生产量101亿平方米，过剩34%。生产量增长处于饱和状态，马太效应浮现。整个行业销售量有下降的势头，但行业巨头仍可以保持强势增长，很多行业出现两企争霸的局面。

简一认为，成功的条件是敢于自我革命。革命的落脚点首先是获得外部思维，其次是企业内部创新与整体规模，最后是资源集中式的饱和攻击。

外部思维：从顾客端看问题

"自我革命不是喊出来的，真的要有动作，做企业最重要的问题是光有想法不行，光说到不行，还要做到。所以我们经常自我革命，2009年剁、砍、奖。这次革命动作就是换头、换手、换脚。首先换头，获得外部思维，所有来源点都是用户。"

李志林提到，经营企业，在竞争不那么激烈的时候，管理者习惯盯着自己企业做事，但竞争变得越加激烈，只盯着自己看就容易产生两个不准确的认识，一是自负、二是自卑。

比如，如果盯着简一自身来看，"大理石瓷砖"世界第一，企业可能会自负；但是如果考虑到企业能为顾客创造什么价值，眼中就会看到比自己更大的品牌，这时企业容易自卑。从同行视角来看自身，可能会更客观，比如目前行业中最大的企业市场规模占比达2%，而简一能达到0.5%，这样的占有率有区别吗？其实没有，因为还有98%的市场空间，但如果仅仅两家企业相比，和4倍于己的企业对比简一就容易产生心虚之感。如何能跳出视角盲区，就是要站在顾客的视角看问题，看到痛点和痒点。换脑就是要盯着用户，同时可以看到客户的痒点，作为企业回归商业价值的本质，就是要为用户创造价值。

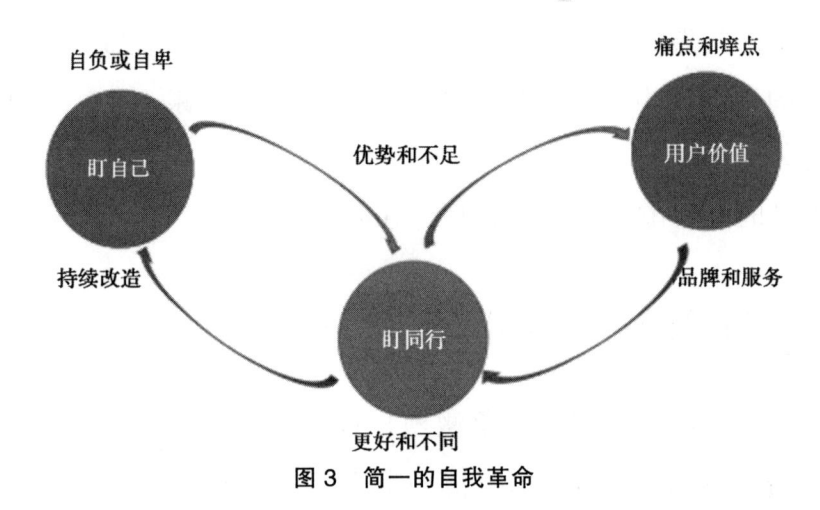

换头："外部思维：创造用户价值"

图3 简一的自我革命

两线发展：创新与规模同行

企业初创与成长，通常因为抓住一个很小的机会点或创新点，因为与众不同而在行业内生存下来。生存之后要继续发展，此时市场环境下，仅靠生产要素与投资已经不能拉动生产，人力成本增加、环保标准上升、资源存量下降，企业面临的情况更为复杂，这时企业发展的突破口急需创新力来撬动。一路走来的简一正是靠着持续创新才在大理石瓷砖行业内始终保持领先，企业规模越做越大，创新的难度也与日俱增，但不能因为创新的难度增大而放弃变革的念头，即使是依靠创新发展起来的公司，未来安身立命之本仍然是继续保持创新。

用户是创新的源泉，企业失去用户的时候，就是创新源泉枯竭的时候，因为用户是需求之源，新的需求才能激发企业开辟新的产品与服务。

而创新靠的是人才，人才靠责任感驱使。企业做大更需要强劲的创新动力，一旦规模快速发展而创新力跟不上，企业就会进入船大难掉头的尴尬境地，而消费升级、国家战略、行业发展又时刻警醒着企业，转型势在必行。

三方合围：饱和式攻击

李志林常说"现在竞争激烈，资源分散，一分钱撒成胡椒面来用是不行的，做任何事情一定要饱和攻击。"

技术标准饱和，鼓励微创新

简一同一款大理石瓷砖产品连续10年更新换代，每一年的创新含量是不是真的像简一说的那样各有突破，一直为业内所关注。我们深知，创新没那么简单，突破远比想象的更难。简一企业内部设立了500万创新基金，鼓励微创新；划定3倍于中国制造2025的标准，比如一年产出的专利数量，现在一块瓷砖含有40多个专利，将来可能要变成400个，都需要企业自己创造材料工艺，需要大量发明创新。简一企业内将这个大难题转化成一个个小问题，因为他们坚信大的创新下面一定是无数个小创新，不是每天都有颠覆性创新，一定是量变产生质变，到质变的时候就是颠覆。

服务模式饱和，重新定义高端瓷砖服务标准

简一在服务方面的饱和攻势主要是实行明码实价，提供首家包安装，首创以高端大理石瓷砖服务标准为核心的"肖式服务法"，即以 4 个瓷砖管家，23 个服务环节，解决消费者 5 大装修难题，重新定义高端瓷砖服务标准，让装修过程更省心、更安心、更放心。网易 315 服务调查报告中，简一已成为家居行业服务榜样，但李志林表示，榜样是对简一服务水平的认可，但优秀程度还可以从 80 分提升到 100 分，简一的服务空间与顾客认可程度仍有发展余地。

资料链接：简一的创新成果

· 自 2009 年保持每年一代新产品，一块瓷砖十代科技

· 简一大理石瓷砖独有的特点，遇水更防滑。

· 成立"简一设计学院"，改变以往用户进店只能看产品、砍价格的纯交易模式，让用户走进简一门店可以跟导购顾问交流设计风格，讨论更好的装修效果，于销售过程中切身体验产品的高端。

· 中国建筑卫生陶瓷行业大理石瓷砖研究中心

· 广东省大理石瓷砖研究中心

· 大理石瓷砖国家标准主制定单位

· 国家高新企业

· 国家工程中心

· 4 家行业绿色制造企业之一

传播攻势饱和，从广告轰炸、设计师游学到消费者的精神生活

陶瓷产品其消费者关注度低、重复消费频次也低。陶瓷

品牌群雄逐鹿，至今也尚未出现世界知名，消费者认知度高的品牌。

简一开展媒体轮番轰炸，开放与消费者沟通机会，进行机构鉴定，这都是给品牌商注入强心针。广告高空轰炸也是简一的常用手段，高，指的是段位高，品位高。飞机、机场、高铁、城市商圈、高端楼盘，都是铺天盖地的简一蓝广告。简一把这样的推广模式称之为"顶天立地"，顶天的有央视，地面也要有广告接得住。

简一是设计师渠道起家的品牌。创·自然之美活动、设计大师公益讲堂、与广州设计周、《设计家》杂志联合举办的游学活动、与新浪合作的环球酒店设计之旅，都是设计师们梦寐以求的学习资源。跑马圈地，简一锁定黄金资源。因品牌传播有涟漪效应，只有设计师圈层认可，才有更多的波纹向用户一层扩散。

到了消费者层面，简一开展传习·文化大讲堂、"让家人住得更好"公益活动，提倡家文化，这是简一品牌的精神内核，要让公众回归精神生活。

为锁定主流高端人群，简一在分众传媒投放大量广告，简一电梯广告在北京、上海、广州、深圳、成都、东莞、重庆、珠海等42个城市风暴式发布。通过电梯电视、海报和多形式的地面推广活动相结合，强力推进品牌建设，进行高密度的品牌传播，目的就是让目标消费者了解大理石瓷砖品类特性，知道并认同简一，通过简一品牌带动品类发展，使简一与高档大理石瓷砖画上等号，成为高档装修时的首选。

建陶行业技术、产品、风格迭代速度快，企业只有不断开拓创新才能在竞争中胜出：从抛釉砖的兴起、发展到成熟甚至过剩，市场用了 7~8 年，说明瓷砖市场是一个技术、工艺、花色等迭代很快的行业，一种新产品推出的时候，由于其在美观和实用方面的优势以及市场上的稀缺性，往往能够得到超额收益，但又因国内知识产权保护不足，竞争对手复制能力超强等因素，新品推出一定时间就会重回红海竞争，盈利能力回落。抛釉砖如此、大理石瓷砖如此，未来薄板等也会步此后尘。从简一的发展脉络中可推知，唯有保持不断的创新能力，具有充足的技术储备，走在时尚设计前沿，具有品牌优势的优质企业才能在竞争中保持领先。

简一从 2002 年到今天，短短 16 年从诞生到壮大，就像人从婴儿长成少年再蜕变成青年，有他的稚嫩与初心、有他的勇敢与极致，也有他的灵敏机变与意气风发。

16 年国际国内市场风云变幻，考验着简一一以贯之的使命与愿景，也考验着简一面临一次次困难甚至是绝境的智慧与进取心。更多经历难以片刻诉说，李志林的倾情分享，也只是简一成长史上的部分光芒。尽管如此，我们还是从简一 16 年的成长路程中感悟到一些经营企业的真谛。

新市场环境下的商业竞争多就是少，少就是多。竞争不激烈的情况下，多元化可能会抓住更多的机会，但是在竞争激烈的环境下，多元化意味着风险的增加。

战略要从用户而来，从竞争着手，从自身下刀。愈加激烈的竞争环境，只盯着自己看容易产生自负或是自卑的情绪，只

营销突破

有获得外部思维，站在顾客的角度思考竞争的含义，才能突破自己、变革自身。

战略不是跟潮流，而是顺应趋势，在长久的不变上持之以恒。定位高端不是企业的选择而是由企业站的位置决定何种发展战略适合自己。在顺应趋势的过程中能坚守"大理石瓷砖"这一单一品类，聚焦核心竞争力，是简一持续壮大的奥秘。

课 堂 访 谈

图4 课程后李志林接受李小萌采访

李小萌：到2016年，互联网自媒体发展迅速，您为什么选择传统广告模式？

李志林：因为我们当时定位高端，我认为所有媒体里面，央视一定最高端，央视里面最高端的栏目一定是《新闻联播》，我就只投了最高端媒体的最高端栏目。

李小萌：是不是拿下这个广告，才能显得出品牌实力？

李志林：对，如果不是高端品牌怎么上央视。央视本身就是非常有利的背书，传达给消费者，这个品牌一定不小，质量一定不赖。

李小萌：刚才听了李总讲了简一品牌，简一的产品优势，如果我们现在提一个问题，在没有成本限制情况下，您去选择装饰材料，会选择大理石还是会选择"大理石瓷砖"？为什么您认为消费者如果不选择大理石就选"简一"？

李志林：不能这么说。大理石瓷砖对我们来说是十年精华，对消费者则是一个全新的东西，我们告诉消费者这个产品能跟天然石材达到同样效果，性能更好，让他多了一个选择。我记得2016年在意大利开产品发布会，我用英文讲，也用意大利语讲，天然石材是上帝创造的，它很美，但是上帝只创造一次，我们用科技力量去继续上帝的工作，让更多人享受，因为石材是一个不可再生资源。

李小萌：假如您面前站了一个对价格非常不敏感的客户，购买力非常强的客户，他本来可以选择天然石材，如何说服他来买我们的创新石材。

李志林：一般我们不会劝说他放弃，高端顾客有充分判断力，我们只是把我们的产品和为顾客带来的价值告诉他们。我们公司每年也卖掉一个多亿的天然石材，因为有些东西需要天然石材，比如台阶、台板，更多是一个优势相互叠加、互补，不是完全取代。

李小萌：为什么要有不同的视角，一个是看自己，一个是看同行，一个是看客户？

李志林：这种外部视角跟做人一模一样，经营企业也是这样，因为中国的发展历史形成了企业只盯自己。稀缺时代，企业只要生产出来产品就可以卖，不用去盯竞争对手和顾客。后来大家都具备生产能力，自然会看行业竞争，思考我怎么比他更多一些，更好一些。现在回头看，用户才是真正的原点。真的站在顾客角度，我们会有很多创新。我们企业内部的说法是，主观上利他、客观上利己，真正把价值提供给顾客，他会回报给你更多。

李小萌：创新是企业真正的生命，简一每3~5年会拿出一个好的创新产品。但不是每次创新都能成功，怎么规避创新风险？

李志林：我们有时候创新也失败。很多时候研发一个产品，我们会在全球搜集很多素材回来，真正能够转化的其实30%都不到，但确实只有摸索，才能有机会。失败了没有关系，再来。当你打造出一个创新体系，其实后面慢慢效率要高很多。

李小萌：请您分享一个创新失败的例子。

李志林：2017年我们有一个产品，在核心技术中加入了一个小的技术动作，能提高效率，但是生产出来尺寸差了0.5毫米。本来出发点是好的，后面因为细节没有搞清楚，就成了不合格产品，大概损失600万元。我们经理也说，可以作为特殊产品处理，我说不可以，越是损失大的时候，越能彰显你的决心。

李小萌：这次创新造成600万元损失，有惩罚机制吗？

李志林：没有，因为这是创新，我们允许失败。我们是民主试错，创新错了不会惩罚，但创新成功会有很多激励。

李小萌：这次损失 600 万元，如果是 2000 万元呢？决策者有责任吗？

李志林：因为创新只能预判未来，如果在创新上惩罚，会把创新基因扼杀，这是不可以的。

李小萌：瓷砖行业属于传统行业，年轻人选择职业时候，喜欢时髦热门行业，互联网投资等，怎么让年轻人投身到传统产业中？

李志林：互联网很好，但是竞争也很激烈，如果你到制造业，发现可以做到世界第一名，这也是一种选择。在另外一块天地里，你也可能会创造出意想不到的成果。

李小萌：企业要冲出重围，就要抛弃中低端客户，维护高端用户吗？

李志林：这不一定，因为在中国市场上，很多情况是低端供应严重过量，高端供应严重不足。为什么消费者要去国外买电饭煲、马桶盖，因为市场供应不足，或者产品好但消费者并不认同，缺少价格认同或者说品牌认同，高端品牌很欠缺。目前中国中产阶级崛起，国内消费升级，会有越来越多的高端客户。

李小萌：听了您的成功经验分享，如果所有企业都想做高端，这个会不会出现问题？

李志林：市场有一只无形的手，自然调配，最终不同企业会在不同角色里站好自己的位置。

图 5　李志林在课上精彩分享

讲座嘉宾简介

李志林，佛山市简一陶瓷有限公司董事长，佛山市江西商会副会长，景德镇陶瓷学院硕士研究生导师。1988年从江西省景德镇陶瓷学院毕业后，加入广东佛陶集团，历任公司副董事长、常务副总等职，并公派到新加坡国立大学学习MBA。1998年，任佛山欧神诺陶瓷股份有限公司董事总经理。2002年，自主创立佛山市简一陶瓷有限公司。先后主持研发"雨花石""羊皮砖""大理石瓷砖"等一系列对中国建筑陶瓷行业发展产生深远影响的类别产品，并出色完成从"产品技术"到"企业经营战略"的过渡，被行业誉为"大理石瓷砖之父""陶瓷行业乔布斯"。

统一石化的战略转型

世界上有一种汽车比赛是用命搏的。对于参加的人，它是挑战。对于没参加的人，它是梦想。这是一项什么样的汽车赛事？汽车赛事不胜枚举，但是最艰苦的非达喀尔莫属。达喀尔拉力赛被称为是"勇敢者的游戏"，是人类最艰苦的拉力赛。作为最严酷和最富有冒险精神的赛车运动，它为全世界所知晓，受到全球几十亿人的热切关注。在过去的39年中，达喀尔拉力赛不仅历经了非洲大陆的辉煌与移步南美大陆的璀璨，还成就了千百支车队与上万名车手的终极梦想。经过央视多年的推广，达喀尔文化已经深入中国越野爱好者的内心，这项赛事在他们心目中是神圣的越野殿堂，只要有机会或者能力，都要去那里走上一遭。赛事引人瞩目，但你了解赛事背后的赞助商——统一石化吗？

2018年5月23日，统一石化CEO李嘉来到中国传媒大学广告学院《企业营销战略》公开课，与我们分享了统一石化的战略转型。

小企业要善抓机会、抢速度

1993年，统一石化正式组建，1994年6月，"统一"系列车用润滑油正式投产,并形成5个系列108个品种的生产能力。1994年6月,在北京大兴区规划建设的生产基地破土动工,1999年6月,总投资2.9亿元、占地230亩的新工厂投入实施阶段。然而直到2002年,统一品牌才走进公众视野。

中国的润滑油市场从开放之初就与国外市场有着明显的差异,由国有企业占据主要地位。在这样一个商业化程度不够高的行业,保持灵活的视野与审时度势的速度就显得尤为重要。统一石化的CEO李嘉并没有被行业特点限制住思想,2002年11月央视黄金段位广告招标会上,统一石化以6429万元人民币的标价投中天气预报后"A特段"和"天气预报1+1段"黄金广告时段,成为当年唯一在中央电视台黄金时段投放强势广告的民族润滑油品牌。央视的电视广告使"统一"润滑油一夜之间声名鹊起。

2003年3月21日,伊拉克战争爆发,中央电视台进行了前所未有的大规模直播报道。统一润滑油迅速做出了反应,在战争开始当天,就停掉了正热播的"众人片"。统一石化的新版广告片只有5秒,广告片没有任何画面,只有一行字并配以雄浑的画外音:"多一些润滑,少一些摩擦"。这则广告紧贴在《伊拉克战争报道》之后,和新闻浑然一体,非常有震撼力。这则广告的妙处就在于既准确地诉求了"多一些润滑"的产品特点,又一语双关道出了"少一些摩擦"的和平呼声,含蓄、隽永,耐人寻味。

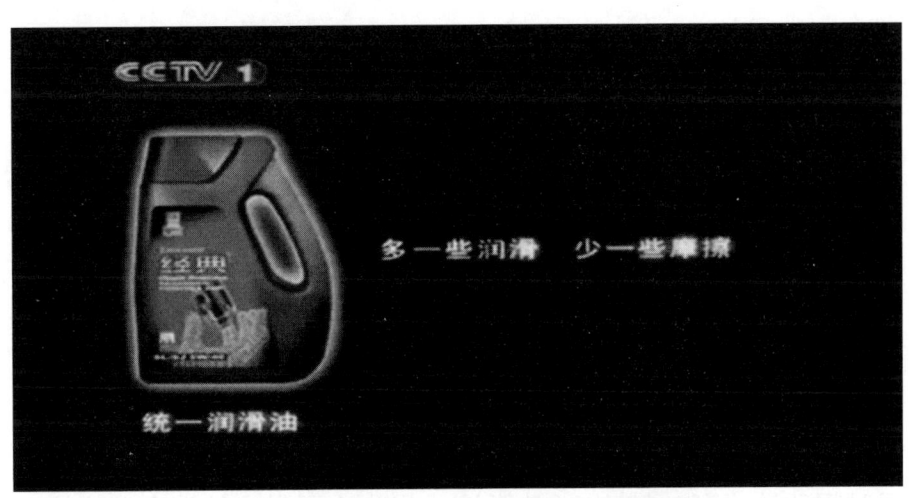

图1 中央电视台"统一润滑油"广告截图

广告播出后，各大媒体纷纷对这次营销事件发表评论，认为统一石化"多一些润滑，少一些摩擦"的广告，创造了小预算、大效果的神话。因为制作该广告的费用仅为1.8万元，但统一石化公司的网站点击率提高了4倍，广告播放后还经常收到顾客的咨询电话，与统一石化公司讨论战争进展的情况及战争与和平的话题，统一润滑油的品牌影响已经远远超出了产品销售和使用的范围。同样，广告播放后，很多经销商也给"统一"打来电话，他们认为这条广告才像是高端品牌的广告，许多原来不卖统一产品的零售店主动联系；许多看过此广告的观众都认为这个广告是国外广告公司的创意，还有一部分人认为统一是合资企业或者外资企业，许多司机则点名要加统一润滑油。

这则经典广告，形成了空前的品牌影响力，也为统一润滑油带来了优秀的销售成绩。广告效应使统一公司2003年的销售额同期增长了100%。统一随之调整产品结构，高端产品增长率达到了300%，在产品线中的比重从14%攀升到了40%以上，而低端产品则从23%降低到了5%。

2003年是统一的春天，在此之前很难想象一个润滑油品牌能够实施"品牌突围"计划，也很难想象润滑油品牌竟会选择在中央电视台黄金时段播放电视广告，但统一润滑油做到了。2003年还爆发了"非典"疫情，政府需要大量的84消毒液，很难想象当时北京市场90%的84消毒液产自统一，统一石化中标之后用了7天时间改造设备，转产84消毒液，成为中国最大的消毒液生产工厂。在这期间，工厂一天都未停产，待"非典"结束，工厂又回归润滑油生产。无论何时，执行速度是统一独占鳌头的重要因素。

将企业卖掉和买回都是特定环境下的最佳选择

到2005年统一已然成为中国排名第三，全球排名第十六位的润滑油公司，但2005年开始主要的原材料供应商，中国最大的两家国有企业把统一石化的原材料停掉了，迎接统一石化的是至暗时刻的来临。突然没有原材料的供应，统一石化的润滑油产业受到了巨大的冲击，以至于开始被迫出售集团股权，在全世界寻找可以提供原材料、愿意收购统一股权的公司。统一石化列出的收购条件颇为苛刻：首先，要保留品牌与团队；

其次，收购方只能派一个"CFO"前往企业任职。统一石化当时的市场占有量等状况都较为良好，品牌知名度也较高，所以收购工程在半年内即完成，最终以统一售卖75%的股权给壳牌为结局。壳牌成功收购统一也成为当年全球收购的最佳成功案例之一。

2009年，中国的摩托车市场不断萎缩，摩托车购买量大幅锐减，所以壳牌计划在中国退出摩托车业务，统一石化接手了市场。2014年，壳牌收购了全球最大天然气公司BG，交易金额为700亿美元。但由于当时油价较低，壳牌资金出现问题，遂决定出售下游300亿美元资产，统一石化就在出售的资产清单内。最终，李嘉团队买回统一，并相继收购了全球三大竞技机油品牌之一的美国突破（TOP1）大中华区业务和美国顶峰PEAK——美国最大汽车用品公司中国大陆业务，重整旗鼓，回归中国市场。

新汽车变革时代的困难和应对

统一石化品牌回归之后，李嘉发现中国市场发生了巨大的变化：新兴的品牌如雨后春笋般涌出，润滑油产品跟销售渠道的碎片化与新能源汽车的发展都预示着新汽车变革时代来临，润滑油市场的发展空间受到挑战。

原来润滑油市场主要是两类企业：一是润滑油公司，企业生产润滑油并且进行品牌运营；二是汽车品牌的原厂润滑油，比如奔驰出品的原厂润滑油。现在，有更多巨型的有能力、有渠道的企业，如连锁维修企业、汽车配件企业、线上 App 和电商品牌为开发汽车后续市场而进入这个细分市场。因此，行业内部竞争者与销售渠道日趋多样化和碎片化。

同时，新能源汽车的出现也引起了润滑油市场的震动。据某调研公司的预测，到 2030 年，大中华区新车销售中新能源车的比例将会达到 68%，其中 10% 是纯电汽车。这部分汽车除了冷却液、变速箱油和刹车油以外，并不需要其他油液产品。这为润滑油产业带来了一大挑战：市场仍在增长，但投资人对传统润滑油产业估值快速下滑。所以，找准公司的品牌及发展定位成为生存关键。

主动为用户赋能，提供"从车头到车尾的全业务线"服务

统一石化提出"从车头到车尾的全业务线"服务，是一个为门店提供更多的导流、赋能权益，又兼顾门店客户的举措。每一个车主买车时都需要买保险，统一石化把车辆的保养服务与延长保险业务联系在一起，提出"买保养送延保"的营销策略。统一石化承担起发行服务卡的职能，将保险业务和保养服务混搭，即客户只需够买一张卡，保养服务和保险服务即可绑定，并能匹配到顾客就近的门店。得门店者得天下，统一石化的做法着实令同行大开眼界。

统一石化原来以生产润滑油、销售机油为主营业务，只针对发动机与变速箱的所需提供产品，其他的汽车部件并未有统

一施展拳脚的余地，但正因为车辆从车头到车尾，发动机、空调、水箱、变速箱、刹车、燃油系统都需要日常保养与维护，所以统一石化抢占了这块宝地，提出了全车精养业务。统一石化已从单一的润滑油厂商变成了"产品+终端设备+服务"的综合平台，自此具备差异化价值的企业形象开始凸显。

快人一步：多元渠道（门店+互联网）建立

巨型有能力有渠道的企业进入汽车细分市场，看重的往往是整个汽车后市场。统一石化审时度势迅速适应新市场环境，同时基于复杂的渠道现状，于2017年7月成了新部门——新渠道发展部，专门负责线上O2O、保险公司、共享汽车、二手车、平行进口车、传统连锁门店和跨界连锁等业务。统一石化对此部门寄予厚望。

此时如何为门店赋予更多的价值变成了首当其冲需要解决的问题。统一石化开始启动废弃润滑油的再生业务，做环保循环。统一石化用低价收购市场既有废油，再将废弃机油转化为高价值的产品。统一石化购买国际最先进的技术为门店提供额外的增值价值，给门店客户提供更多元化的与众不同的汽车问题解决方案。

整个B2C的汽车后市场，随着渠道细分化加深，消费者的个性化需求也不断加强。如哈雷车主用的机油与普通营运司机对润滑油的需求是不一样的。如何应对市场细分的需求，给不同的产品不同的品牌定位，从而提供不同的产品和服务成为统一石化需要解决的问题。统一石化希望用美国的品牌和中国的品牌，提供给不同的消费者以及不同的消费市场，让消费者有更多更适合自身的多元选择。

面对多种经销商，无论是新兴渠道、电商平台，还是供应链的企业、连锁的企业、汽车俱乐部、轮胎跨界企业，统一石化都秉承合作、共赢、共享的理念。统一石化的目标是十万家门店。统一石化试图采用一个新的系统把品牌、企业、门店、经销商链接在一起进行实时互动。这个联合闭环中最重要的部分当属统一石化的组织行为模式的变化。原来的程序化流程为线性关系，即做完研发开始投入产品生产，再经销市场，市场计划推出后主攻销售渠道，通过供应链进行产品的再生产。这样传统的运营方式在今天的企业营销中会很快被淘汰。统一认识到市场的变化度，认为把繁琐的流程一步一步做完，企业就有极大可能被其他行动迅速的企业所淹没，所以在应用的时候要快。快人一步的统一制作了一个链接厂家、链接门店、链接经销商的系统"iTongyi CRM"，这是一个完全跟同行业竞争者不一样的系统。统一在每个润滑油瓶子内盖里加入唯一的二维码标签，扫码即领红包，同时系统后台就有数据，显示出具体省市区门店的油被消耗，即刻与零售终端链接，这是整个行业里都未有人踏足的数据领域。

统一石化要解决的还有终端修理厂的系统使用率。统一石化提出"三步走"策略，为现有修理厂门店提供更多"助力"。修理厂门店存在每天被各种App推广骚扰的现象，如果提供的终端系统不便使用，门店就不会选择数据录入，所以这个三方链接系统具备了易操作、快上传和多提成的特点。第一步，统一石化找到了门店系统使用的推广动力，对系统的使用与推广起了很大的助力作用。第二步，统一与高德合作，成为统一石化的门店后，门店地址就会进入高德地图，这样客户可以准确地找到门店，匹配线上导流的资源。第三步，即刻注册统一石化的线下门店，统一免费提供维修大咖培训、网红互动，让系统更活跃。活跃度、日活、月活是硬门槛，统一石化新系统虽然是一个封闭的系统，但是有"618秒杀""双11抢购"等活动的身影。这个系统的存在，使得更多终端门店愿意加入进来，成为统一石化的用户。

及锋而试的品牌传播

"四个结合"战略

统一石化品牌建设的原则是持续、互动，提出对品牌要有多元认知，而非一元认知。因为现今吸引不同的消费者的产品即为多元的。统一石化提出了"四个结合"战略：第一，结合传统的投放渠道，即投放路牌、门店招牌与互联网的广告，但此类广告投放需要以精准为界，此类广告的首要作用是告知，在所有目标消费者可以接触的媒介进行投放，让消费者在心中埋下品牌的种子，将"润滑油"与"统一"达到画等号的效果。第二，结合互动，与网红合作，如维修网红、汽车鉴定网红、摩托车网红、赛车手网红、军事网红等；与轮胎行业大咖、赛车行业大咖合作，制造出互动的传播情境。统一石化举办了"最美机修工海选"活动，在互动的过程中加深了受众品牌印象，提高了品牌认知度、联想度以及忠诚度。第三，结合体验，打造"统一骑行"活动，通过骑行的方式，让经销商和客户从昆明骑行至拉萨，从拉萨古格王朝开车而返，达到深度体验品牌的效果。统一石化与路虎的俱乐部在雨林里开展了两天的驾车旅游，将文化的内核与产品的宣传达到极高的契合。通过体验产品特性，影响经销商与顾客的品牌选择。第四，跨界联名推出新产品，和有公信力的媒体做联名产品，和"军旅游戏""汽车、摩托车俱乐部"联名，放大品牌价值，跨界打通品牌受众，在更多受众可关注的范围中出现。

多 IP 营销

在品牌的外部宣传方面，统一善用强大的 IP 营销策略。电影、小说、动画、游戏，都是 IP。现在是 IP 的时代，品牌通过持续产出优质内容来输出价值观，通过价值观来聚拢粉丝，粉丝认可统一的价值观，就会得到目标消费者的身份认同与角色认可，继而产生信任产品、促成购买的行为模式。同时 IP 营销也是具有话题性和传播性的，具有庞大的粉丝基础和市场，是一种可以产生裂变传播的营销方式。

统一石化在这个行业里拥有众多 IP。统一石化有全世界主流车厂的有效技术认证，这是 IP，是统一石化的知识产权；润滑油与汽车赛事相关，环塔拉力赛、达喀尔中国拉力赛、阿拉善英雄会都少不了统一石化的身影，这也是 IP。多种 IP 营销使企业将品牌的认知宣传与市场活动以及消费者体验整合在一起开展精心营销，与受众产生价值共鸣，消费者也会更加认可品牌与旗下产品。

李嘉认为，有技术、有故事的品牌收购对企业的发展无比重要。统一石化将美国 TOP 1 石油产品公司纳入了考虑范围，因为它是全球三大竞技品牌之一。每年 TOP 1 石油产品公司会参与 100 场以上的各类赛事，且拥有八大摩托车车队和三项世界第一极限纪录。全球最耐久润滑油吉尼斯世界纪录是它的 IP，一说到最极限的润滑油，人们提到的即是 TOP1，一说竞技圈里面与众不同的全球三大竞技品牌之一，联想到的也是 TOP1。这些顶尖技术让 TOP1 成为如此知名的品牌，成为消费者心目中的最佳品牌。

定制个性化 IP 产品

统一石化与线上平台共同定制个性化产品，即结合热门影视剧和新闻中含有 IP 属性的热点，联合打造专属统一石化产品的热点，并结合各类营销玩法为品牌造势。目前的跨界合作也是重点与京东开展，联合共赢。统一石化给京东用户定制产品，使得统一石化的 IP 嫁接在了京东品牌之上，向京东用户出售叠加 IP，为京东创造了价值，同时也销售了统一石化的产品，原厂标准的润滑油赋予更多的京东用户，京东也通过向稳定客户提供原厂标准的润滑油而建立了自身品牌价值。

转型至今，统一石化的门店已经有46500家，周活跃率29%，新兴渠道有8606家门店，覆盖了全国。而令统一石化投入高关注度的"itongyi"平台已然成为直接跟门店沟通的平台，成为从车头到车尾保养的巨型企业。统一石化迅速适应市场找到了适合自己的方向，摇身成为一家汽车后市场服务商。

成功的企业要懂得应变

引用CEO李嘉的说法，企业的成长与壮大离不开那些令业内人士眼花缭乱的市场轨迹，而市场轨迹不过是由无数被分解、可执行的简单片段所构成的。因此，只要用心去挖掘，将行业内普遍的问题和企业内特有的问题作些分析，用简单的心态，脚踏实地地一个一个解决，形势总是会越来越好的。目前存在着一些不足，但解决一个总会少一个。潜力能否得到挖掘，能否发挥出来，最后产生很好的效果，还要看我们自己。

从1992年中国石油产品开放，1993年企业建立，至今25年统一石化经历了许多常人无法想象的历程。无论是行业的竞争，还是外资的大举进入，乃至面临着多元化的细分市场，这期间很多很多的企业没有从前进的泥沼中抽身，但是统一还活着，并且异彩纷呈，主要是依靠统一石化的战略转型策略。这其中有资本的运作，也有市场营销和市场的再布局。它是一个企业、一个行业在中国发生剧变时代发生的故事，会给予更多营销人、传播人以及企业经营者无穷的启发。

课 堂 访 谈

图 2　梦霞对话李嘉现场

梦霞：统一石化正在转型为一家后汽车市场的大数据公司吗？

李嘉：我们希望做成一个汽车后市场服务的品牌，为消费者提供更专业、更透明、更合适的服务。其实汽车的服务都一样，但是车贵收费就多，这是定价的原则。在这个领域是不是需要形成一个公允合理的价格呢？我不知道，但是希望和我们合作的门店，提供的服务是标准化的，收费是透明的。我们在努力做这方面的产品，在做标准化的设备和可视化的流程，希望消费者对统一门店的服务愈加信任。

梦霞：每个行业都是一样的，我们从做产品到终端，其实是把用户留存住，深度服务于这些用户。

李嘉：客户体验特别重要，假设你开车到一个门店，当看到服务人员的操作标准化，设备也是值得信赖的，并且拥有相当透明的流程，你自然就会对该门店产生信任，再赋之价格公允，客户在此场景下自然会得到很好的消费体验，品牌黏性就会提高。

梦霞：面对未来汽车市场的发展趋势，统一石化还要做哪些转型？

李嘉：我们希望在三年做到十万家门店，与十万家门店可以有很好的互动。我们关注的数据是门店运营与活跃率，这个概念已经不全然归属于制造业了。零售本身是一个服务，统一石化不断地通过各类活动、品牌宣传以及"地推"让更多的门店加入，所有的产品与服务还是要关乎客户的满意度，客户不满意，做再多也是徒劳。

图3　李嘉在课堂上精彩分享

讲座嘉宾简介

李嘉，统一润滑油创始人，中国石化产业传奇人物，被誉为中国润滑油行业发展的推动者与见证者，现任统一石化CEO、突破润滑油中国总裁、美国顶峰PEAK汽车用品中国总裁。

1993年　创建统一润滑油

2003年　引领统一走进央视黄金广告，奠定行业品牌地位

2006年　出任统一壳牌合资后首任掌舵人

2015年　带领统一重新出击，征战中国汽车后市场

2016年　收购美国顶峰PEAK汽车用品大中华区业务，迈出统一国际化第一步

主持人简介

梦霞，亲见传媒创始人兼CEO，复旦大学新闻学院新闻学硕士研究生毕业。前央视财经专访主持人，高端商业人物访谈节目《LEAD亲见》创办人、主持人，曾专访李彦宏、李开复、丁磊等近百位知名企业家。2014年第15届财经杂志奖学金获得者；联想之星创业CEO特训班LS8S学员；2018年中欧国际工商学院创新传媒研讨班学员；界面（Jmedia）、网易等专栏作者；著有中国一线电视人采访研究专著《电视信仰》。

慕思的营销方法论

慕思寝具的出现可以说是重新定义了一个行业。2004年开始，慕思寝室用品有限公司首创健康睡眠系统，改变并推动了整个睡眠行业。2012年，姚吉庆加入慕思，5年时间将慕思打造成中国高端寝具第一品牌。2017年，慕思寝具成为中国500强品牌，品牌价值达128.65亿元，影响力甚至超越了很多国际品牌。

作为中国著名实战派营销和管理专家，慕思现任总裁姚吉庆20多年来始终处于中国市场营销的第一线，成功跨界运营过三个不同行业的第一品牌。几乎可以说他加入哪个品牌，哪个品牌便会有傲人的佳绩。他曾任华帝集团总经理，使华帝燃具连续5年保持中国销量第一。2008年，姚吉庆任欧派集团营销总裁，4年内实现了欧派从中国橱柜第一品牌到中国整体厨房第一品牌的跨越。2018年3月20日，慕思寝室用品总裁姚吉庆来到中国传媒大学广告学院《企业营销战略》公开课，分享了慕思成就中国高端寝具第一品牌的秘诀。

图1　姚吉庆在课堂上精彩分享

营销方法论

在姚吉庆看来，如果说三大领域是三扇不同的门，那么有一把万能的营销钥匙早已在他心中成形。这把通用的钥匙就是他的第一营销方法论——做一个品牌的时候，第一步一定是产品制胜，做出让消费者爱不释手的产品，提供无与伦比的体验，让产品在市场上无可取代。但这只是成就一类细分市场中顶尖品牌的第一步。另一个重要的原因是姚吉庆选择行业时的第二个标准——产业选择一定要是中高端。他认为，产业所做的东西一定要有价值，有文化内涵。在人工费用提升的情况下，走低端根本就是死路一条。

横跨三个行业，却战果连连，这背后不仅有姚吉庆丰富的营销经验作支撑，还有选择的技巧性。在跨行时，姚吉庆最看重的是行业的市场前景，也就是说随着时间的延伸和经济的发展，这个行业的整体需求越来越大。姚吉庆与慕思的故事还要从他选择睡眠行业的机缘讲起。通过调查，他发现经济越发达的地区，人们的睡眠质量越差。在《2018中国互联网网民睡眠白皮书》中，北京的年轻人是睡得最少的。睡眠的重要性也就不言而喻，这也是姚吉庆选择进入寝具行业、选择帮助人们解决睡眠障碍问题的最根本原因。

相比创业者从0做到1的过程，姚吉庆做的是从10到100的事，这也是更适合他的一条路。职业经理人和创业者需要具备的素质是完全不同的。做创业者需要具备的是白手起家的能力，而做职业经理人是要具备带企业上台阶的能力。

黄金圈法则：成就高端寝具第一品牌的道与术

如果一个营销方法论只在一个行业中是成功的，那么也许这个方法论并不具有普适性和说服力，只有在不同行业都试出成果，这个方法论才是能经得起实践检验的。这个方法论就是黄金圈法则。要把品牌做到数一数二，只要做两件事：一是做产品；二是做品牌。做产品和做品牌都符合黄金圈法则，但又有不同。做产品的时候是由内而外，先看要解决什么问题，再看用什么方法，顺便做出让人有良好体验的产品。做品牌就不一样了，做品牌不能一开始就做情怀，一定要实实在在地先做产品。把产品做到极致之后，再说你跟别人有什么不同，再说你的价值观是什么。

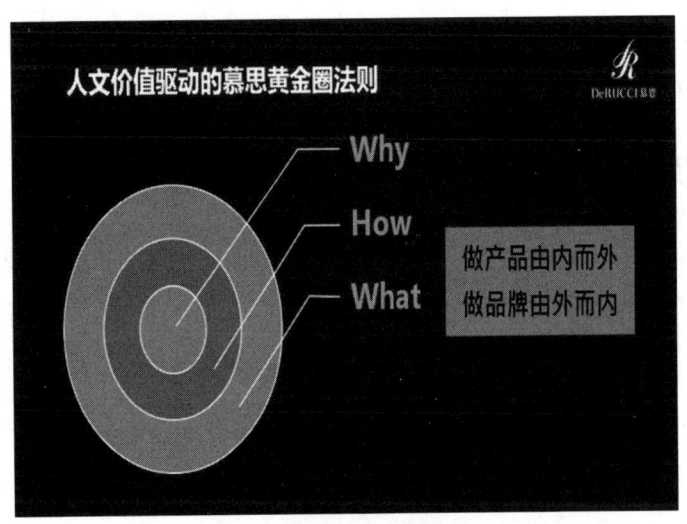

图 2　慕思的黄金圈法则

做产品由内而外，要整合外部资源做极致产品

如何做产品？比如说建立一个企业，首先要盈利。做到以下三点，生意就会非常好。一是顾客的时间价值。所有的生意都是在占用顾客的时间价值，比如说你今天去看电影，就不能看晚会和其他比赛。再比如罗振宇的"得到"，你花199元买一年课程，每天早上都听，其实就是在买时间。好的产品必须

考虑有效地占用顾客的时间价值，占用的时间价值越充分，成功的把握就越大。二是不可替代性。一个品类一定要做到不可替代。三是高黏性。2018年"3.21"世界睡眠日之际，慕思和阿里一起做了一次调查，发现人均每天用手机的时长达4个小时，很多人都戒不掉微信，90%的人睡觉前一个小时一定会看手机、刷微信。一个东西总是跟你接触的话，你跟它的关系就比较近，选择的时候就不会选择其他。这三点是所有生意的本质，营销一定要抓住这三点来做。

提供极致的产品体验——创造不可替代性

想要抓住这三点，先要把产品做到极致，而且要创造不可替代的产品。每个企业最初进入一个行业的时候，几乎不可能还有"蓝海"。特别是中国实业，什么事情都有人做。当你开始创业的时候，你会发现企业在由小做大的过程中，资源往往是匮乏的。姚吉庆认为，不是所有创造发明都需要自己做。虽然苹果手机和特斯拉汽车有今天的成功，但其实它们的很多东西并不是自己创造出来的，而是通过整合资源做出来的。慕思有三个资源整合：第一个是创新材质的资源整合，姚吉庆的实践和理解是：产品材质和工艺上一定要比别人更厉害，资源也不一定固定在国内，可以利用全世界最优势的资源。第二个是全球设计师的资源整合。做任何产品的时候，产品颜值要好，苹果和特斯拉为什么成功，产品颜值功不可没，因此必须整合全世界优秀的设计师，把产品颜值打造得漂亮耐看。产品颜值打造好了以后，还要有内涵，内涵怎么做？就要赋予它无比强大的功能。第三个是技术的资源整合。举例来说，欧洲人就非常具备工匠精神，他们有一个特点，做部件的就只做部件。20年前，姚吉庆去意大利考察，发现很多企业只做一个零件，其他的都不做。现在慕思在全世界有五六十家技术或材料供应商，每家供应商都有六七十年的历史，有的还有百年历史，他们就做一件事情，做到极致。这些企业名气不一定大，但是它在这个领域里的技术以及品质绝对可以做到极致。

慕思第一是做材料资源的整合，这不是简单的拿来主义，而是二次创造。材料可能不是你发明的，比如说慕思用的3D材料，是一家历史悠久的德国企业——米勒提供的，它有110多年的历史，现在已经是第三代在经营了。米勒公司做了五六十年的纺织材料，之后开发了3D材料给豪车做座垫。座垫的要求很高，要透风、透冷热气，要有弹性、不能塌陷，而且不能有弹簧。这对做床垫来说是非常好的材料。但座垫就是一个很薄的东西，而且很小，而床垫要做2米×1.8米那么大，于是慕思就跟他们联合开发，这是全世界都没有过的事情。慕思创造发明了3D材料的床垫，它的力度可以达到弹簧的程度，比弹簧的弹力还要均匀。而且更不容易的是，根据消费者身体的重量，头部、肩部以及其他每个部位重量的不同，床垫支撑力度也不同。定制这样的床垫是很复杂、高难度的一件事。通过与米勒的资源整合，慕思开发出了全世界第一张无弹簧、可透气水洗的3D床垫，舒适度非常好。

太空树脂球床垫是慕思另一款明星产品，2018年"3·21"世界睡眠日就发布了这款产品。人睡在水上最舒服，但是水会流动，会冷却，一旦漏水也很麻烦，不容易翻身。太空树脂球这种材料具备水一受压就会变形的属性，躺上后身体每个地方都可以让重力四处散发。为了开发这款产品，慕思与日本丰田集团爱信精机公司合作了很久，研究证明它可以承受48万次撞击不变形，耐用30年。这种创造不是简单的拿来，而是二次创造，也叫集成创新。

第二是设计师资源的整合。很多企业每次都去国外展会拍一些东西回来借鉴，但是慕思早已不这样做了。2004年慕思成立了自己的设计中心，2005年就请法国的设计师、阿玛尼的设计师等，组建了慕思设计师团队。在企业不是很大的时候，慕思就下决心要让外国人过来打工，这需要很大的魄力，现在证明结果很好。有自己的设计师团队，企业掌握的就是原创设计。慕思有设计师KPI考核，过去，国内的设计师设计出来的产品，两年时间就被淘汰了，但是国外的设计师8年前的设计

图3 慕思太空树脂球床垫

产品现在还可以销售，且排在第五位。跟国外的设计师合作和把他请到国内完全两码事，因为他要了解中国的文化才行。

第三是研发资源的整合。慕思做的不是一个床垫行业，也不是家具行业，而是跨界的健康睡眠系统。因为要进行个性化定制，要研究人体工程学，所以慕思成立了比利时鲁汶大学人体工程学研究中心、亚太睡眠研究中心以及意大利米兰工业设计研究中心。外国人到了中国以后会研究中国市场，慕思在全球化过程也会考虑全球的市场。在欧洲市场，慕思的产品是意大利设计、意大利制造，用慕思品牌。

人们要想睡好觉，床垫和人的身体要高度契合，要用智能化的手段进行贴合。慕思陆续开发了第一至第五代健康睡眠系统，根据亚洲人、欧洲人不同的人体结构，测试人体功能的诉求。测试完之后有一套算法，根据测试仪器测试出的个人身体参数，匹配适合个人的床垫。通过大数据整合，3~5分钟之内测试完身体数据，马上就可以匹配出适合个人的参数，生成专属于个人的健康睡眠系统。

还有一款智能产品——第六代健康睡眠系统计划在2018下半年发布。当有人躺上这张床垫以后，床垫马上就可以测出人体每个部位的数据，自动把床调节到最适合睡眠的状态。床垫里面的参数可以反馈出晚上个体的睡眠情况、深度睡眠的时间、做梦的时间等情况，并且会有一整套针对性的解决方案来解决个人的睡眠问题。

提供极致的服务体验——增强消费者与品牌间的黏性

除了要通过三大资源整合来实现极致的产品体验，还必须做到极致的服务体验，要从售前、售中、售后三个方面做整套的服务，所以慕思创造了金管家服务体系。消费者只要到慕思店里面，店员先会问你的睡眠痛点是什么，会指导你怎么改变作息时间。即使你不买东西，也会有睡眠普及等工作。如果你买了产品，买的时候就完全定制，达到极致的产品体验，买了以后才是服务的开始。慕思金管家每年会为你提供服务，类似睡眠管家，你睡不好觉会给你推一些改善睡眠的方式方法。慕思也有每年上门除螨服务等。通过极致的服务达到高黏性，占有顾客的时间价值，让他感觉你的产品不可替代，这就是整个逻辑。

由外而内做品牌

做好产品以后，还要做品牌。为什么普通的包只卖500块，而Gucci可以卖5万元，甚至更高？同样是开车，你可以选择吉利，也可以选择奔驰，尽管他们背后的股东都是吉利，但是面向的人群是不同的。品牌很重要，做品牌要由外而内，要三步走和三级跳。

三步走：第一步是要把产品和服务做到极致。要做到高端品牌，没有其他捷径可走，一定是把产品做到高度人性化。第二步是打造品牌的认同感，要通过一系列的操作手法让消费者认同你的品牌。品牌认同以后还不行，第三步还要有核心价值观的认同。你的闺蜜有什么特质和特点，你才愿意总和她在一起？这其中最核心的就是人，比如你们的爱好是一样的，爱唱K，爱打高尔夫，生活态度比较接近；第二重要的是核心价值观，你们的为人方式和价值观也一定比较一致。慕思的目的就是要把品牌变成你的另一个"闺蜜"。所谓三级跳一定是一级一级跳，千万不能倒过来。有的品牌一开始就谈情怀，这个品牌一定会死掉。

重新定义一个行业——先做心智战

现在已经没有空白行业了，想要做到一个品类所在行业的第一，方法就是要开创一个新的品类，去抢占消费者的心智。第一战是心智战，如果心智战还没有开打，或者还没有打赢，价格战、品牌战和促销战等所有的打法就都是徒劳的。要开创一个新品类，第一个要做的一定是心智战。

重新定义一个行业很重要。过去的摩托罗拉和诺基亚就只是一个通讯工具，但是苹果改变了这个行业，它完全是一个智能终端，是你肢体的一部分，它出来以后改变了你的生活方式，重新定义了你的生活模式。苹果也是在中国制造完成，它整合了全世界的资源。

慕思怎么做的？中国人用床垫的时间比较短，过去不少人的刻板印象是一定要睡硬板床。脊椎有问题的人到医院看病，医生说你是腰椎间盘突出，让你换硬板床。这是不对的。因为人腰椎间盘突出后更不能受力了，床垫要跟脊椎完全吻合才可以，这时睡硬板床问题会更大，所以要定制。中国人开始由硬板床转为弹簧床垫也就是几十年的事儿，是比过去舒服了，但是所有的床都是一样的。慕思在做一件事，那就是床垫要因人而异，每个人都要不同，要量身定制。即使夫妻在一张床上睡觉，两个人的身体结构不同，床垫可以按每个人的不同条件来设计，一床一世界。

你要真正地睡好觉，要有整套的睡眠系统，包括从枕头到床垫再到家纺用品。慕思开创了健康睡眠系统，把体验做到位，重新定义了软床行业。但是床垫行业已经有一百多年历史了，如何识别这个品牌？于是大家到处会看到慕思老头的形象。

"慕思老头"非常成功，看到他大家的第一印象就是尊贵、专注、工匠精神，这是慕思要的品牌形象，相当于肯德基上校、麦当劳大叔。人的记忆对文字不是很清晰，但是对图像很清晰，想把一个理念植入消费者脑海中的时候，这个理念是个钉子。怎么植入到消费者的心智里？要有一个锤子，就是视觉锤。慕思老头就是慕思的视觉锤。

把消费者变成品牌的闺蜜——打造核心价值观认同

慕思品牌是重度垂直的，除了做健康睡眠，慕思什么都不做。但慕思的健康睡眠产品却多种多样，可以满足人们的不同需求。

慕思现在有儿童系列，睡眠从娃娃抓起。今天的青少年如果用了慕思，他长大了以后还是会用慕思，年纪再大一点就用慕思V6年轻品牌，时尚有活力，风格不同；年纪更大一点要享受生活，就可以用慕思凯奇，注重家庭温馨环境的现代女性可以用歌蒂娅，有品位的男士可以选择慕思兰博基尼，这些都是35～40岁的人在用，很酷很时尚，他们对价格不敏感。而且这个品牌产品设计得很有特色，非常精致。慕思PAULY 有180年历史，是源自奥地利的手工打造，一套寝具卖60万~100万元。慕思旗下有很多不同的品牌针对不同的消费者，包括助眠产品。按摩椅现在很成熟，但是助眠按摩椅就不同了，2017年这个品类同期增长300%，多品牌运作，慕思从小孩开始做，覆盖全生命周期。

图4 慕思视觉锤

图5 慕思助眠按摩椅

产品做到极致、品牌认同之后，还要价值观认同。一定要把消费者变成品牌的闺蜜，让他离不开你，那就要核心价值观认同，要引起消费者共鸣。

在很多人心目中，重要的是标签化和心理感觉以及生活方式。2017年的调查显示，我国中产阶层有2亿人，2020年据说会有5亿人，2025年会超过7亿人，未来的机会就在这里。慕思做了很多睡眠调查报告，约百分之三十几的大众有睡眠障碍，其中，中产阶层和富裕阶层中76%的人群有睡眠障碍，68%的人是为工作牺牲睡眠的时间，50%的企业家经常失眠。就需要解决睡眠障碍这个问题，要解决他的生活痛点，才能得到核心价值观的认同。因此，现在精神层面的需求比产品层面的需求更加重要。品牌营销的最高境界是核心价值观的营销，这是我们应该研究的方向。

慕思寝具卖的不是寝具，是一种健康的生活方式和健康的生活理念。人三分之一的时间在睡眠中度过，但是这三分之一的时间决定你人生三分之二的精彩。今天睡觉不是浪费时间，是为了更好的明天。慕思寝具就是为了健康睡眠而生。

找到品牌背后的价值——立足品牌文化

那么健康睡眠到底是什么？中国有五千多年的文化，中国人要文化自信，日出而作、日落而息是中国古人天人合一的智慧。另外，梦和梦想是平衡的，我们说要实现梦想，梦是要睡好觉，不睡觉梦就实现不了。慕思从千年的传统文化中汲取到了智慧，通过"眼、耳、鼻、舌、身、意"六根研究，探索出一整套的睡眠文化。睡眠的空间很重要，环境和音乐很重要，有时候你听海浪拍打海岸的声音会睡得更好。身是寝具的系统化，意是心态的问题，这就是慕思品牌所呈现的整个睡眠文化。

但是睡眠文化提出以后怎么深入人心？品牌不能去教育别人，而是要能够跟消费者引起共鸣。比如为解决意的问题和听的问题，慕思就跟台湾的风潮音乐合作做睡眠音乐。睡不好有很多的因素，比如股票下跌、感情问题，那么你先听哪一首，如果这个不行再听第二首，总有一首适合你。这些研究跟慕思今天的生意似乎一点儿关系都没有，但是慕思的使命是让人们睡得更好，所以慕思就要这样做，要跟顾客增强黏性，让他觉得你是他身边的闺蜜。

睡眠文化就是意，睡不好觉，意在里面占很大的因素，但是在意的里面最重要的是情感问题，情感问题占 50%~60%。慕思从 2012 年开始就拍了一系列微电影，叫《床上关系》。海报画面看上去这个片子比较吸引眼球，但内容是非常正能量的，它讲夫妻之间的信任。该片讲述了一对年轻夫妻因为一只安全套的失踪，而引发一场夫妻失和的故事。片中的经典对白：妻子认为只要有了一张好床，就足够盛下最丰盛的爱情。2012 年这个片子一个月的点击量突破 1.6 亿。慕思做微电影都是大制作、大手笔，基本上不搞广告植入。

慕思还做"慕思之夜"巨星演唱会。慕思之夜有一个原则，一定要用正能量的明星。为什么要做这件事？目的就是让意见领袖带动更多的人。这些大明星用这种健康生活的方式理念可以影响更多人。慕思是为健康文化和生活方式助力的。

要仰望星空，也要脚踏实地。只看情怀和文化，没有销量还是不行，所以慕思还要做又叫好又叫座的事情。因此，慕思做了"3.21"世界睡眠日，请大咖一起做论坛，让大众了解睡眠的重要性，这样比单纯的科普更容易被大众接受。另外还有世界除螨日、超级品牌日、全球睡眠文化之旅，等等。每年8月份，慕思都会请消费者和经销商到全世界旅游做睡眠文化之旅，植入健康生活方式。

慕思的目标消费人群都是中产或者富豪阶层，这些人要么已经成功，要么就是在成功的路上，而想要成功，足够的睡眠是必不可少的。

现在我们说智商、情商，其实还要有睡商。睡商就是对睡眠的认知，对睡眠的管理。睡好以后，免疫力可以提升，人的寿命可以延长，新陈代谢可以加强，所以人会显得年轻。睡觉是无可替代的保健品，成功也是睡出来的，只有睡好觉精力才能集中，这就是慕思所提倡的睡眠文化。

在做了这么多事情，品牌要完成最后一步跳跃，让大众觉得品牌是他的心灵导师，跟消费者形成共鸣，让品牌成为信仰，让公众成为粉丝，让粉丝成为用户，让用户成为传播者和销售者。

总之，人文价值驱动的慕思黄金圈法则，即慕思的使命是什么（Why）——让人们睡得更好；怎么做（How）——要做产品认同，品牌认同，要做价值观的认同，要整合全球的健康睡眠资源来做无与伦比的极致产品体验和服务体验；做出有极致体验的产品后，带来的成果是什么？（What）——现在慕思顾客的忠诚度为99%。只要是慕思的消费者，下次一定还会用慕思。

慕思的使命就是让人们睡得更好。慕思不是要成为一家最大最赚钱的企业，而是要成为一家有爱、有担当、有社会责任感的企业。

图6 课堂上姚吉庆与李小萌对话

课 堂 访 谈

李小萌：姚总是中国民营企业第一代职业经理人，跨4个行业，5大领域，如果把这5大领域比喻成不同的"门"，有没有一把钥匙可以把这5扇"门"都打开？

姚吉庆：我写过一本书——《第一品牌方法论》，归纳了一些企业在成功路上遇到的问题和如何解决系统困难的方法。我们在做一个品牌的时候，第一步一定是产品制胜，让消费者爱不释手，有无与伦比的体验，让消费者用完以后下次还想用，不可替代。在第一步没做到之前，千万不要做其他的东西，广告不要太多。

李小萌：你每次要换工作时是不是都对行业（企业）进行了详细考察之后才做出决定的？

姚吉庆：是的。行业选择很重要，一定是朝阳产业，一定要有市场，这个行业应该随着时间的推移，随着消费者富裕程度的提升，需求越来越大。然后是产业选择，一定要走中高端，我做的都是耐用消费品，所以产品一定要有价值，要有文化内涵，研究是不是跟消费者的生活方式和家庭装修风格有关。另外，"渠道为王"永远是对的，尽管电商发展很迅猛，但电商不能替代线下，一定是线下、线上融合，所谓的"新零售"就是要线下组合线上，线上组合线下。

李小萌：有人说只有自己创业才有归属感，很多年轻人没有毕业就想创业，不给别人打工。你做职业经理人30年了，怎么判断自己适合做一个创业者还是职业经理人？

姚吉庆：这两个方向我都实践过，做职业经理人与当企业家（创业者）应该具备不同的素质。另外要考虑自己的爱好，如果你是一个创业者，你的素质一定要比较全面，而且一定要有韧性。今天我们看到阿里很成功，百度也很成功，但伴随着他们成功的过程中，其实已经死了一大批企业了，只是大家没有注意到。

李小萌：做职业经理人不需要韧性吗？

姚吉庆：韧性是锦上添花的，我觉得自己不适合从 0 到 1，适合从 10 到 100 的过程，这是职业经理人做的事情。

李小萌：你是本土成长的职业经理人，以前有一种说法，中国没有真正意义上的职业经理人，走到今天，你怎么看待这种变化？当下中国本土职业经理人的特点有哪些？

姚吉庆：随着经济的成熟和信息的扁平化，适合职业经理人发展的土壤会越来越成熟，因为创业到一定程度以后，职业经理人不仅是 CEO，CMO、CFO 也是这样，需要打造职业经理人的团队，对职业经理人的激励机制也会有很多的修正。如果你不去做公务员，可能就是两个渠道了，第一个是当老板，第二个就是做职业操盘手，这两个是相互转换的，如果机会好，就会比较成功，但创业成功的概率比较低，把新品牌做到第一品牌是小概率事件。

李小萌：中国本土成长的职业经理人有什么优势和不足？

姚吉庆：优势是对中国市场比较了解，很多国际品牌进入中国市场后，都是由中国人在操控，他们对中国消费者的洞察、环境和方法论有文化上的优势。职业经理人比较专业，做营销就是做营销，做财务就是做财务，但 CEO 的角色是一个稀缺资源，就像治病的不同阶段，要用不同的药调理，所以等职业经理人进入一个企业以后，必须首先了解他是怎么成功的，在这个阶段要做什么事情，同时需要创新意识，因为市场在变，环境也在变化，要有一定的学习能力和创新能力，要学习跨行业的问题，要恶补，迅速成为这个行业的内行。

李小萌：您涉及的几个领域跨度都比较大，为什么不在同一个领域选择条件更好的另一个企业，这是不是关乎职业经理人的操守问题？

姚吉庆：没有对与错，根据每个人的内心遵从，我想不断地挑战自我，这个行业做好了，我换一个行业也能做好，才能证明能力，不断挑战能力的极限。我认为，一个方法在一个行业成功了，并不具备说服力，但在不同行业都试出来，这个方法才能经得起实践检验。

李小萌：现在占领传播风口浪尖的内容都和互联网概念相关，作为实体企业家，怎么做到在大潮中不落后，又踏踏实实做自己的本行？我知道你们淘宝的网店有80多万粉丝。

姚吉庆：最早我没有准备在网上做，慕思做网店起步比较晚，因为做得比较高端，过去网上卖的价格比较低，至少5年前或10年前，马云说得屌丝者得天下，后来发现不对，其实"80后""90后"是未来的消费主体，特别是他们的消费习惯跟20世纪50年代和60年代出生的人完全不同。做电商不做"价格电商"，一定要做"价值电商"，我们是先切入进去，不断地提升，卖更高端的产品，而且未来一定是结合线上功能搞私人定制。

现场提问：如果现在有一个新型的国内顶尖体育赛事，我们如何打造它的品牌价值，如何对它进行传播？第二个问题，睡眠和体育有共同点，二者都追求健康，如果慕思品牌进行体育营销，优先考虑的是什么？希望得到什么样的回报？

姚吉庆：赛事就是一个产品，这方面我不专业，我觉得赛事不应该先拉赞助商，而是首先考虑怎么使赛事在中国火爆，要研究这个赛事目标消费群体，精准传播，你要让大家知道你是什么赛事，要把赛事做到极致的体验，让人家看了一次以后还想看第二次，每次看完以后都期待下一届赛事。其次，打造你的差异性，研究为什么观众不看世界杯，要看你的赛事，要追求赛事价值观跟目标人群价值观一致。

李小萌：慕思会不会赞助体育赛事？

姚吉庆：因为运动和睡眠是相关的，关键是看契合度，赛事有两个目标消费群——观众和赞助商，赛事做得火做得大是前提，否则观众不会掏钱买票，赞助商也不会找你。另外，你要给目标客户出资赞助的理由，比如对慕斯品牌有什么有利之处，可以尝试先免费，体验好再收费。

现场提问：现在慕思在寝具行业已经做到品牌第一了，将来慕思的产品创新方向在哪里？第二个问题，想了解慕思在全媒体环境里传播策略以及您在品牌营销方面的心得。

姚吉庆：做企业要先选赛道，刚开始选得比较窄，然后逐步拓宽，床和枕头是慕思的内核产品，打造好内核之后是外围，比如，我们做按摩椅市场很多年了，从产品开始做，我们按摩的手法要有助于睡眠，配合睡眠音乐，使用户不断地形成习惯，这就是差异，但一定是主赛道的衍生品，一定要围绕睡眠这个大方向去深化，同时，每个品类都要做到极致。

关于第二个问题，20年前企业只在中央电视台做广告就可以，有钱就打《新闻联播》，过去是垂直营销时代，你说什么人家听什么，现在是信息"碎片化"，而且"粉尘化"了，你以为搞一个公众号就挺好，其实人家不看的，你就是自娱自乐。有几个原则：第一，精准营销，一定要为消费者画像，他的收入怎么样，消费习惯，平时看什么内容，上下班路线，等等，然后精准地推送广告或布货，不是你的消费者，再怎么宣传都没用。第二，广告和投放是融合一体、全过程的，过去我们说打广告收钱的时代已经过去了。第三，一定是内容传播，传播主要是传，不要幻想通过一家媒体就能搞定，一定要全方位全媒体多界面，而且千人千面。

讲座嘉宾简介

姚吉庆，慕思寝室用品有限公司总裁。曾担任华帝集团总经理、欧派家居集团营销总裁。2012年，加盟慕思担任总裁，几年时间就把慕思推到了中国健康睡眠系统第一品牌的位置。姚吉庆二十多年来始终处于中国市场营销的第一线，成功跨界运营三个不同行业第一品牌，是中国著名实战派营销和管理专家，中国冠军品牌联盟创始人、世界酒店联盟副主席、营销管理专著《赢家——第一品牌方法论》作者。

燕之屋的突围之道

2017年，燕窝行业领导品牌燕之屋销售额一举突破10亿元，不但突破了行业瓶颈，而且稳步发展为知名高端消费品牌。这引起行业外的高度关注，小行业能够达到如此巨大的爆发，一定程度上说明中国健康产业全新的发展趋势。燕之屋在营销上有何独到之处？作为燕之屋执行董事兼CEO的李友全，又是如何带领燕之屋品牌突破行业瓶颈，稳步发展为知名高端消费品牌的？2018年4月4日，燕之屋执行董事兼CEO李友全来到中国传媒大学广告学院《企业营销战略》公开课，分享燕之屋的突围之道。

图1　李友全在课堂上精彩分享

燕之屋的崛起

逆风而上，在低谷中异军突起

1997年，燕之屋创始人黄健从新加坡回国创业，将燕窝剥离药柜进行独立品牌化运营，创立了燕之屋品牌和企业，并将其发展成为中国特色连锁经营模式。到2010年，燕之屋已是燕窝行业领头燕的地位，整个中国燕窝行业也得到了快速的发展。2011年，正当企业和行业发展如火如荼之时，出了一个血燕事件：有记者报道血燕亚硝酸盐超标，对人体有害，中国燕窝行业遭到了毁灭性的打击。该事件的产生，主要在于当时还没有形成燕窝的食品标准，燕窝被套上"即食食品的标准"，而蒙上不白之冤。该事件后大量的燕窝品牌迅速在市场上消失，而原本300亿元左右的市场规模，锐减到不足30亿元。

作为行业领头燕，燕之屋的企业经营也受到重挫。但企业管理者坚持直面问题、勇挑重任。燕之屋牵头起草中国燕窝行业标准《燕窝质量等级》，并积极推进实施；同时，加快了产品标准化、安全化科研和生存的步伐。

在燕窝行业最低迷的时候，李友全毅然加入了燕之屋企业。此前，他所带领的团队经过十几年的深耕，在医药保健品营销上已经有所建树，但他也逐渐意识到，如果要让传统医药保健品的营销去适应更大的市场，就要进入大健康产业。而名贵的中医药滋补品品牌集中度很低，还存在着巨大的发展空间，这是李友全加入燕之屋、带领燕之屋开拓品牌营销新局面的重要原因。

品牌情怀做背书，科技创新撑产品

在李友全看来，大健康产品的营销攻略可以从以下三点来构建：

第一，传统是情怀。老字号、非物质文化遗产和地理物质标志产品都源于传统，可以当作情怀来讲，但这一定不是品牌征战商场的杀手锏。光靠传统，中国品牌是不能和西方运用先进科技打造的品牌相比，但如果中国品牌能将历史传统把握好，以此作为触动消费者心智的情怀利器，那传统就可以是品牌快速打入消费者圈层的敲门砖。

第二，品牌是背书。医药保健品行业缺乏真正意义上的品牌，大多数都是像中宁枸杞、文山三七、东阿阿胶等一些地理性的"品牌"。东阿县就有几十家阿胶企业，显然不是所有企业都可以成功的。因此企业要去树立品牌，深度开发传统滋补品，进行深度价值挖掘，并找出卖点进行品牌营销，借助品牌的力量面对未来的消费，获得消费者广泛的认同。中国不缺好东西，缺的是深度挖掘品牌价值的人和工具。

第三，要用科技实现产品的价值。研发再好，也要有拿得出手的够品质、够炫酷、够好玩、够有说服力的产品，才能在市场上站稳脚跟。

燕之屋专注燕窝20年，力在传承600年宫廷御膳养生文化，有情怀，也有良好的品牌背书。燕之屋燕窝技术中心在2016年获得CNAS国家实验室认可。企业臻选东南亚野生金丝燕燕窝，经中国海关检验检疫进口，49道标准化的专利工序，呈现一碗开碗就能吃的好燕窝，只含纯化水、冰糖和燕窝，零添加剂、零脂肪、零亚硝酸盐、零胆固醇，用科技还原燕窝真实之美，让燕窝的价值广为世人接受。企业三年研发，创新推出高端即食燕窝——燕之屋·碗燕。随时随地，开碗即食，润养美丽与健康，满足现代人养生的多元化诉求。让燕窝突破了原先繁琐的炖煮与漫长的等待，更安全、更营养、更方便、更美味。

图2 燕之屋·碗燕产品包装

燕之屋的突围

专注，不断创新

2017年，燕之屋在全国开设400余家专营店，销售额突破10亿元，燕之屋的营销堪称中国最优秀的传统健康产品营销案例。

一万小时定律告诉我们，当你在一件事情上投入一万小时，你就会成为这方面的专家。不管我们处于哪个行业，都应该专注做好一件事情，然后让它成为自己永远立于不败之地的基础。燕之屋创立20年至今，始终专注于做燕窝，并不断推出新的营销模式、新的产品系列、新的销售渠道、新的销售模式，持续为品牌注入新的活力。

2011年，燕窝行业遭遇血燕事件，李友全加入燕之屋的决定也遭到了朋友和家人的质疑。但李友全反问自己，血燕事件之后，中国99%的燕窝品牌都消失了，为什么燕之屋品牌还活着？一个发展多年的行业经过这么大的重创，个别品牌还能够活下来，一定自有妙处。要么这个企业家独具情怀或执着精神，要么企业本身的独立研发能力或企业文化，这些元素就构成了企业的软实力，构成了一个企业的灵魂。这是李友全在燕之屋创始人黄健和燕之屋品牌上看到的闪光点，正是这些闪光点，让他毅然选择和黄健合作，共同发展燕之屋。

用新思维定位消费人群

研究燕窝品牌营销要回归市场，从根本上研究消费者。对于燕之屋来说，解决用户定位问题，是企业营销战略的关键所在。碗燕用户人群的定位不同，就有不同的消费诉求和营销战略。

为此，李友全发动所有的股东与职工，包括策划公司都出谋划策。有提议说定位孕产妇群体，有提议定位广大女性，有广告公司策划提出"吃碗燕，做气质女人""大气场，大女人"等方向。如果定位孕妇市场，受众范围太小了；而"大气场，大女人""美容养颜，留住时光留住美"这些广告语，太具象，不能完全涵盖碗燕的内涵。

繁复艰难的调研与抉择之后，燕之屋决定做一个很直接的参考测试，以不同的广告语对应不同的群体，让他们捧着碗燕拍照做参考。相较之下，女性群体的定位更为精准贴切。在品牌代言人的选择上，从刘嘉玲到林志玲，也是从定位出发来衡量参考。代言人手捧碗燕，广告语配的是"吃燕窝，我只选碗燕"，整个形象气质与品牌非常契合，进而通过她们来传达女性与燕窝之间的关系，

图3 林志玲代言燕之屋

来吸引那些欣赏燕窝、懂得享受燕窝的人群。这已经不是传统思维，而是符合新经济下社群经济的新思维。

选择好行业，就应该专注、坚持，并且做好定位。定位就是要树立江湖老大的位置，要么第一，要么唯一。燕之屋的定位就是第一，作为目前中国唯一一个拥有CNAS国家实验室认可的燕窝技术中心，每一碗燕之屋·碗燕背后是营养、科学、透明的燕窝生产与研发体系。

根据营销体系完善战略配称

有了定位，下一步就是要去做市场营销，包括营销策划、渠道建设、团队打造、服务体系、定价机制、产品系列开发，等等。李友全认为创新分两种：一种是以科技发明为主的始创新；另一种是以商业模式创新为主的源创新。燕之屋20年的经营之路，虽然很难像很多新科技企业一样去完成那些始创新，但可以做模式创新，走到市场一线实实在在解决问题。

第一，定价定天下。定价有很多学问，产品想卖给谁、目标消费者的心理价位是多少，以及产品有没有支撑这个价位的理由。如果你是市场上最优的，你也要用价格告诉别人你的产品品质是一流的，不要怕定高价。

第二，渠道。碗燕出来了，价格确定了，渠道在哪里？是做高端商场，还是做自己的独立店铺？是做机场店，还是做五星级酒店？是做圈层销售，还是做会员销售？渠道的选择也是定位理论的一个配称。

第三，完善的售后服务。燕窝行业的品牌营销，更是需要各方面的战略配称。燕窝的效果不是短期能吃出来的，如果没有更好的附加价值，如何保障用户对品牌的黏性和支撑品牌的整个营销体系？这就需要品牌的价值塑造以及完善的售后服务。比如燕之屋的顾客给员工打一个电话，员工听到顾客咳嗽一个小时后，员工已经拿着感冒药、咳嗽药和温水到了顾客身边。享受着这样的服务，458元的产品还算贵吗，这458元里已经包含了品牌的附加价值。

售后体系、会员附加价值等，都是燕之屋走到市场一线去一个个解决的实际问题，借鉴其他品牌的策略用到燕之屋的运营中也是创新；两种手段的融合也是创新，再好的定位，再好的头脑，也要到市场一线去解决问题。

没有客户就没有企业生存的价值，但客户也是需要被创造和引导的。菲利普·科特勒说，企业一切目的就是为了创新和营销，营销的目的是为了创造客户，创造客户包括两个方面：一个是服务，把原来有需求的客户找到，这是创造客户；另一个是把有潜在需求的客户进行平移和引导这也叫创造客户。产品的科技、品质、定价、渠道都是为了满足客户的需求。

从生理价值、健康价值、美容养颜价值到情感的价值，最后上升到与企业的品牌理念、品牌价值达到一致认同，就达到了马斯洛需求理论的第四个层面，就是尊重。一个能够欣赏燕之屋碗燕的人士能够从燕之屋的员工身上、从燕之屋的广告和报道中，从CEO的身上看到这是一群扎扎实实做事的人，是讲良心的人，这样的人就喜欢买这样企业的产品，就喜欢跟这样企业的老板对话，就喜欢享受这样的品牌的服务，这就进入了信仰的高度，进入了营销的最高级别，这时候企业就不仅是卖产品，而是卖企业文化，就像果粉追捧乔布斯先生一样，不仅仅是在买手机，也是在表达对乔布斯的尊重与认可。

燕之屋的成功要诀

企业营销之道——独一无二的"中国式营销"

燕之屋除了定义了行业新标准之外，还定义了独特的"中国式营销"。李友全表示，"中国式营销"重要的一点是要有勇气，也就是敢选择，敢冲，敢闯。中国的人口红利太大，只要看准机会，及时出手，那么深耕任何一个细分市场都会很容易成功。

"中国式营销"的另一点，就是要看准中国消费者的消费层次。品牌一定要把握新的商业模式、新的服务模式，才能做好"中国式营销"。比如三只松鼠这个做坚果的品牌，前几年它做了一个拆快递的塑料片，随包裹附赠，就因为这个塑料片省去了消费者开抽屉拿剪刀的时间和力气，一下子拥有了很多拥戴它的粉丝，获得了数亿的消费增长。现在坚果行业又发生变化了，坚果从一大袋变成了每日一小包，更卫生、更符合消费升级后的消费者习惯。因此，看准消费者喜好变化，对于品牌的发展是十分重要的。

所谓的中国式营销,不仅包含政策环境给行业的机会、中国人口红利带来的机会、中国经济发展带来的机会,还包含建立在中国现今消费层次上,消费者对广告的理解带来的机会上。

迎战新课题——做终身学习型企业

信息流通与知识流通,在当今互联网时代是极其关键的枢纽。在管理上,燕之屋没有太严苛的制度,李友全希望带给燕之屋的是一个终身学习型的企业氛围。一年飞100多趟,他坚持在斯坦福大学、北京大学等学校研修各种营销管理课程,尽其所能地补充新知识新能量,并不定期与企业员工分享心得体会。

这种终身学习的气氛,能够保证团队在传统行业受到大冲击的情况下,仍然不断有新经济、新传播和新商业模式的知识补给。这个知识来源很广,可以看书,可以在实战当中学习,也可以向竞争对手学习,但就是不能停止学习。

燕之屋经过了数年的市场营销和推广,目前已牢牢占据了中国乃至全球燕窝品牌的老大地位,但它面临的挑战也更大了。第一,燕窝行业的蛋糕太小了,只有不到百亿的蛋糕,显然,前三年最容易对接的客户已经对接起来了,到下一个阶段,燕之屋会进入一个相对困难的时期,必须吸引大量新客户。要用什么样的传播方式和什么样的内容来打动新客户,这是燕之屋的新课题。为了能激发未来的目标人群,燕之屋选择了知性优雅的林志玲，作为全新品牌代言人和碗燕首席产品体验官。接下来，燕之屋整个渠道和团队都会从功能层面向新战略层面完成一次全面升级，完成2018年、2019年战略的实施。

燕之屋的梦想，就是用科技和匠心，让古老的燕窝散发出时尚的光芒，让燕窝在燕之屋以及中国燕窝同行的努力下，为国人提供更好的产品，为他们的健康和美丽加分。如果能通过燕之屋实现团队和客户、员工团队的多赢，让燕之屋这个企业得到更多认可，走向资本市场，让客户因为燕之屋而生活更幸福、容颜更年轻、状态更激昂，那也算是企业为这个社会做的一点贡献。

图4　课堂上李友全与李小萌对话

讲座嘉宾简介

李友全　燕之屋执行董事兼CEO。2004年底，与合作伙伴创业，成立广东润生药业有限公司，与广药集团广州白云山陈李济药厂股份有限公司合作，营销网络覆盖全国，代理营销的陈李济"舒筋健腰丸"连续10年名列中国OTC骨关节药品首位。2014年，投资并担任厦门燕之屋生物工程发展有限公司及其子公司厦门市燕之屋丝浓食品有限公司执行董事兼CEO，全面负责燕之屋的经营管理，并带领燕之屋成功拓展400余家碗燕专营店，营销网络覆盖全国，稳居中国燕窝行业领导地位。

Jeep 的生态营销

听到 Jeep，很多人会联想到越野车。作为美国"二战"军方的用车提供商，Jeep 可谓是越野车的"鼻祖"。2010 年，Jeep 以情怀之势首次进入国内大众视野，彪悍与奔放让人耳目一新，印象深刻。"不是所有吉普，都叫 Jeep"的 slogan 迅速让 Jeep 与其他品牌的 SUV 汽车区分开来。

翻开 Jeep 的家族史，不难发现，正是 Jeep 对独特个性血脉的传承与创新铸就了 Jeep 品牌的辉煌。屡屡以独特的创新营销方式和营销活动刷新人们的眼球，让越来越多消费者懂得了品牌的内涵，无论是面对个人经历、面对你我的爱情、面对打拼的事业，还是面对心中的自己，Jeep 总有一套敢想敢为的精神应对，抽离出让人难以抗拒的情怀和向往。2018 年 3 月 28 日，Jeep 生态营销总监沈颖女士来到中国传媒大学广告学院《企业营销战略》公开课，与我们分享 Jeep 的品牌故事。

营销突破

——十三家知名企业的营销战略

图1　沈颖在课上讲述她和Jeep之间的故事

汽车市场已经在整体放缓，车企之间竞争压力不断增大，在信息大爆炸的背景下，汽车品牌正通过多元化的营销方式、更接地气的沟通形式、更有趣的传播手段，让品牌在消费者心中留下独特印记。"80后""90后"已经成为车市的主导力量。消费者为什么会选择Jeep？如何另辟蹊径创造新的高效营销体系？Jeep生态营销总监沈颖给出了自己的答案：Jeep正在采用一个全新的营销方式——生态营销。

发现全新领域

Jeep在中国品牌转型的强势发声，用几句排比句形容最为合适：不是所有经历，都叫传奇；不是所有颠覆，都叫开创；不是所有放怀，背后是 Jeep 强势转型的决心。

在过去，营销模式是品牌商通过媒体发布信息给终端消费者，通过销售渠道实现变现。而现在的模式则是电商整合了媒体、渠道等资源，品牌商需要通过电商抓住顾客。

Jeep 洞悉到了未来的营销模式是每个品牌牢牢抓住自己的客户资源，通过这些资源去跟其他品牌链接合作，在品牌和消费者之间，建立超链接生态体系的平台。类似于一场派对聚餐，每个参加的人带一个自己的拿手菜，最终成了一桌盛宴。Jeep 拥有几十万的车主，另外一个平台或者社群也有几十万用户，可不可以互相整合打造一个生态圈？Jeep 思考了诸多问题，比如做内容营销如何打入消费者的内心并掌握话语权，品牌声量在现在媒介碎化时代如何不被淹没，用什么样的方式撬动有实力的中高端精英人群，这成了 Jeep 需要解决的问题。

如果营销只解决一个问题，就是创造竞争优势。生态营销可以让人离开争夺流量平台的"红海"，开辟自家"蓝海"。"红海""蓝海"没有绝对的区别，"蓝海"随着时间的变迁，也会变成"红海"，而不断创造"蓝海"意味着有利润。

Jeep 创建的生态营销

互联网时代消费者价值观和渠道的改变，使得 Jeep 的生态营销理论应运而生。生态营销理论的含义是品牌与品牌之间、品牌与平台之间、品牌与人物或社群间达成共识，共享客户资源和媒体资源，在生态圈中进行或深或浅的协同合作，用场景化的营销方式创造新传播价值，提高整体营销传播效益。

人群、价值观和场景是生态营销中的三大要素。通过串联这些要素，使效果和效益最大化，资源形成超链接。品牌可以占领用户心智，用户第一个进去，就拥有了心智，别人会很难改变。

生态营销含义及策略框架

生态营销的含义

品牌与品牌/平台/人物/社群间达成共识，**共享**客户资源和媒体资源，在生态圈中进行或深或浅的**协同合作**，使用**场景化**的营销方式创造新传播价值，提高**整体营销传播效益**。

三要素：1 人群　2 价值观　3 场景

链接意义：
1. 资源共享，效益最大化
2. 场景营销，效果最佳化
3. 人际、资源形成超链接

四环节：1. 展示　2. 传播　3. 体验　4. 转化

图2　生态营销的含义

　　沈颖用一位女主持人打了一个比方，倘若想要在自己身上贴"最美女主持"标签，这个标签风险很大，因为很多人都可以做到。如果贴一个"最美女博士"标签，会比较"蓝海"，很多人不一定能读到博士。如果发现博士里面美女越来越多了，再读一个博士后，把颜值和学术跨界，这个印象就相当深了。

　　生态营销定位技巧是多维度跨界带来的相对竞争优势。当线下的营销出现困境，比如营销传播的投资回报率无法保证、媒体和品牌之间无法产生有效的连接等诸多困境时，Jeep做的生态营销实验就是一个解决方案，打造生态营销体系，自己创造"蓝海"。

在整合营销体系中，针对不同的人群，Jeep 有不同的营销手段，比如传统硬广、植入营销、内容营销、事件营销，面对的是泛人群，要给所有的人看目标广告。对于品牌来说就像是"种草"，在广泛的人群间，扎根发芽；而对于高目标指数的人群就像是"养牛"，需要给有购买能力的消费者看目标广告。在购买人群里，要在3~6个月真的要买车的人群看到，就像是"挤牛奶"。

生态营销中的合作营销侧重品牌精神、价值观的契合度与传播力，引起受众的情感共鸣。企业需要挑选高精神契合度和高势能的"人物/品牌/平台"，重视其泛传播能力，讲究的是将企业的价值观向公众传播。

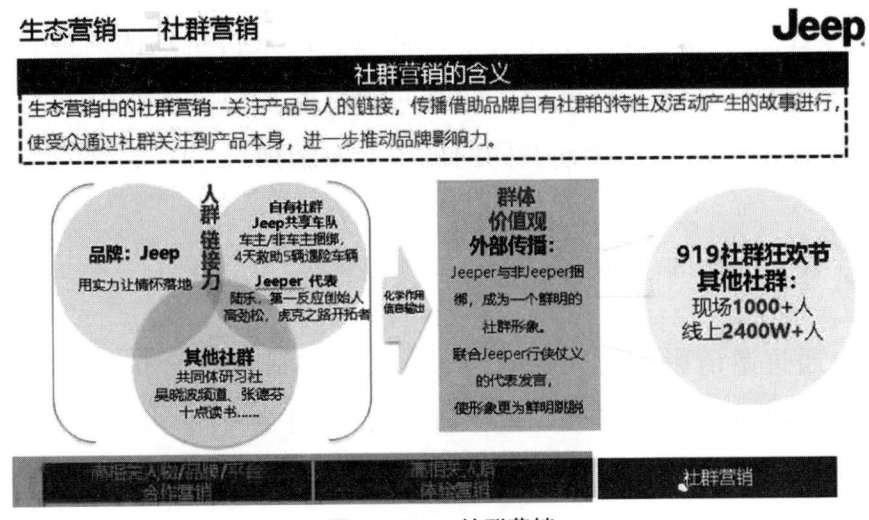

图3 Jeep 社群营销

展现并传播"精神+价值"是关键，需要做到显价值、造势能、拼传播。执行的时候则需要选择高势能、价值观契合的合作对象，在内容上达到双方精神气质格调一致，凸显价值点，传播则通常是通过购买媒体或者合作双方体系的自传播。

如何彰显 Jeep 情怀

用"专业"恋爱

2016 年 7 月 23 日，Jeep75 周年，王石、董明珠、季琦、王潮歌、刘强东、王静、傅盛 7 位大佬为 Jeep75 周年代言。在这个案例里，Jeep 采用了生态营销中品牌与影响力人物这两个营销结合点来进行场景化传播，通过上海虹桥机场的"视频+动态装置"来全方位展示，通过共同价值观的传播，向泛人群彰显 Jeep 与这些大佬们共同的极致专业精神。

用"品牌"恋爱

通过邀请影响力人物与有影响力的品牌进行合作，拍摄契合双方品牌调性的场景广告，就如 Jeep 和壳牌的合作，请到影响力人物陆川拍摄《重返可可西里》的广告片，可可西里的恶劣环境凸显 Jeep 越野的性能优越，而壳牌的润滑油给了 Jeep 充分的润滑剂，让 Jeep 在荒原上驰骋。

用"情怀"恋爱

在撬动高端人群中，Jeep 使用了高相关度的品牌和平台联合。一个传奇的品牌和一群平时只能在电视上看到的人一起携手走出一百多公里的戈壁路，这个事件本身就很有故事性。在此次生态营销策略框架里，EMBA 等泛财富人群是 Jeep 推广戈壁赛的目标。他们是年收入 40 万元以上的商业精英，他们与 Jeep 有着相同的价值观。王石、柳传志、张维迎等很多经济学家和管理学家纷纷走到戈壁，他们与 Jeep 用专业和专业、情怀和情怀、传奇和传奇进行碰撞对接。

而碰撞对接背后的故事恰恰是用户非常希望看到的，于是，Jeep 用自己的"牧马人"车在戈壁沙漠山丘上形成高契合度的极致场景，再用新闻稿落地，同时进行实力情怀摄影大片拍摄，把握赛后一周的黄金传播期，利用拍摄的高质大片素材，讲述令戈友向往的戈壁精神与故事，用情怀海报刷爆朋友圈。

Jeep 和戈壁挑战赛的合作周期可以概括成是一次"恋爱"，分为 6 个阶段：相亲期、公布恋情、如影随形、肌肤之亲、重金聘礼、爱情结晶，其中囊括了展示、传播、体验、转化四个环节。经过这么一段浪漫的亲密接触期后，戈壁精英对 Jeep 产生了更深的了解，同时也获得了他们对 Jeep 的认同和喜爱。

平台、品牌、人物之间的合作，要显价值、造势能、拼传播。要和有高势能、价值观契合的对象一起合作，强化泛众人群。

图 4　Jeep 戈壁挑战赛海报

用"体验"恋爱

体验营销要以深度的产品体验为切入点，要创造有品格的活动，还要邀请有影响力的人物参加，营造能够凸显品牌气质和产品特性的使用场景，不仅是价值观传播，更重要的是产品力传播。在这个方向上，品牌需要做到重体验、展产品、自传播3个关键点。在执行的时候，Jeep选择能够极致展现产品特性的场景，突出"非Jeep不可"的唯一性。在内容上着重凸显产品性能，进行品牌价值的深层体验，在传播上则关注购买媒体以及高影响力参与者的自传播。首先，新疆的特有地貌——独库公路能够展现出"非Jeep不可"的唯一性，能够极致展现产品特性；其次，活动成本比较高，需要请到有较高影响力的人物来扩大传播效果；最后，在新疆旅行的一个场景，Jeep采用了全程直播的方式来传播，全方位地展现了品牌价值。

图 5 撒哈拉沙漠自驾探险之旅海报

用"社交"恋爱

在整个大的生态营销背景下，社群营销成为重要角色。产品与人进行链接，即在传播的时候借助品牌自有社群如车主社群，和其他社群互相链接产生故事，使受众通过社群关注到产品，进一步提升产品影响力。

生态营销当中社群营销要开放、有个性、能传播。用社群里面人的独特感染力个性化地传播品牌资源价值。

Jeep 会采用不同方式进入，如果只是在一个圈层当中交流，不会有效果。做高端品牌必须贴近高财富人群，跟他们交流。在做生态营销时，Jeep 会勾勒这样的画像。

中产阶级，种类多且细分领域多。顶尖财富人群只参加最极致的活动，对他们而言，时间最宝贵，穿越撒哈拉，参与狗拉雪橇，是自己对于极致的追求，更多集中于精神层面。泛财富人群，既要在现实生活中打拼，同时也要经常在精神上重新认识自己。戈壁为什么那么火？那是因为虽然吃苦且路途遥远，但可以不断发泄自己。Jeep要了解这种心理状态。

Jeep开启营销破局之路

与IP综艺构建情景化内容

在《爸爸去哪儿》第五季的节目里，明星爸爸刘畊宏和他的女儿小泡芙在甘肃扎尕的旅行中，住上了一辆Jeep车上的帐篷，Jeep牧马人作为刘畊宏和小泡芙的"家"，植入节目选房子的经典环节被许多观众所注意。Jeep牧马人在节目里面的身份，由"一辆车子"变成了"一所房子"。而这种静悄悄的植入方式，区别其他品牌纯露脸或强刷存在感，只是静静地把Jeep融入了节目的剧情，成为节目的"原生内容"，自然地没有任何违和感。一所房子的设置让孩子觉得新颖有趣，从节目播出时的镜头来看，Jeep牧马人不动声色赢得了孩子们的欢心。《爸爸去哪儿》第五季为Jeep牧马人进行巧妙植入，在爸爸和孩子情感沟通时，对尺度细腻拿捏，让原本在人印象里，以强悍、硬朗著称的Jeep牧马人，又多了温暖的一面。从营销的角度看，Jeep 在节目里的"随风潜入夜，润物细无声"的植入，不知不觉中，把好的一面留在了观众心里。

Jeep 作为《爸爸去哪儿》第五季节目的官方指定座驾，Jeep 还进行了全季植入，特别是在"一所房子"的深度植入特辑在网络上广泛传播。Jeep 也在不断丰富自己的人格形象，通过在爸爸和孩子们之间搭建起一道情感桥梁，和观众完成同理心的交流。

与 IP 明星构建年轻化内容

在"六一"儿童节当天，Jeep 在微信朋友圈投放了"儿童节，看看别人家的孩子"的视频广告，通过反转屏幕 180 度呈现人生 AB 剧的方式，演绎三位不同领域精英人士的童年经历。

借助情人节的节点，Jeep 通过前期对"傅园慧情人节在 Jeep'自由侠'里做了什么事"的话题进行炒作——中期在微信朋友圈投放视频广告——《"狗仔"视角跟踪傅园慧在 2.14 的行踪揭秘故事》——后期在微博平台播放出傅园慧的花絮，鼓励人们在情人节不仅关注恋人之间的"小爱"，也能够去关心真正的无人认领猫、狗的"大爱"，完成了一场"有预谋""有趣"的传播活动。

Jeep 针对自己的各种车型制作了一整套三维动效的二维码，以不同寻常的手法"圈粉"，这种视觉化的营销抓住了年轻人的兴趣点，也让 Jeep 品牌获得了良好的口碑。

图6 Jeep动态二维码展示页面

用年轻化元素打造跨界盛宴

早在世界杯开幕之前，Jeep和乐视体育联手进行的世界杯营销已经开始。乐视于2014年6月6日举办的"老男孩的世界杯嘉年华"以"在一起"为主题，融合科技、音乐、影视、体育等多种元素，大玩跨界盛宴。

乐视举办的活动，是利用"O2O"战略，让Jeep品牌压轴出场。在前期通过一系列球星海报，比如"皮耶罗和粽子在一起""C罗和比利时队在一起""攻城狮和程序猿在一起"等海报来刺激观众的好奇心，在达到充分效果后，完美地带出

"Jeep和世界杯在一起"的海报。在活动当天，把一辆9速的Jeep"自由光"开进了位于五棵松M空间的活动现场，用来揭开跨界多元素结合的活动序幕，让消费者看得见、摸得着，并能亲自驾驶，增强消费者的体验感。

通过2014世界杯嘉年华，Jeep品牌借势跨界及线上线下持续营销实现了大量品牌曝光。

Jeep在车身上投射世界杯历届主办国的国旗图案，并且冠名早间赛情播报节目《世界杯早班车》和午间相声侃球节目《大话世界杯》两档自制内容，Jeep作为乐视体育世界杯竞猜战略合作伙伴，全终端覆盖用户，让观众对世界杯的关注和情感巧妙地转移到Jeep品牌上。

品牌植入紧连热点关注

针对不同人群有不同的营销方案，Jeep意识到对于"85后""90后"这些重点传播目标人群，如果只会高高在上，就会让他们反感。正是注意到了这一点，Jeep做的活动内容兼具趣味性和现代感，能够关联用户，调动用户参与互动，这些巧妙的设计能够引起"85后""90后"用户的积极反应。

2014年Jeep携手乐视体育巴西世界杯，通过百度指数及互动话题分析出近期社会热点及用户关注点，利用趣味海报、跨界话题捆绑等形式，将有趣、新潮发挥得淋漓尽致。

世界杯的焦点战与美国大片《变形金刚4》同一天上演，乐视和Jeep注意到这个极具话题性和趣味性的话题，立即制作一款海报，使得Jeep的品牌和产品形象深入人心，开拓了跨界话题营销新境界。

自己喜欢的球队的输赢是每届世界杯必不可少的话题。网友都会自发在社交化媒体上进行传播。Jeep与乐视共同推出的"9速Jeep自由光全路况竞猜"活动，配合每场焦点战前主题为"看漫画，下赌注，准不准？走着瞧"的诙谐漫画海报，分析热点赛事看点，带出"9速Jeep自由光全路况竞猜"活动，从视觉、心理和参与积极性上极大地刺激了消费者。众筹积分竞猜为全网独有，弥补了单一广告投放在互动性上的不足。竞猜活动中"胜则积分×4"的活动规则设置，引发世界杯观众讨论攻略的风潮，曾有网友为之撰长文《如何在Jeep自由光竞猜中保证只赢不输》，一时间拥趸无数。

产品是最好的公关

如何保持Jeep与世界杯热度的高度融合，乐视与Jeep将世界杯四强球队的攻守特点，与Jeep车型相结合，将阿根廷、德国、荷兰、巴西分别定义为"前驱型""后驱型""全驱型""X驱型"球队。让用户可以简单地通过球队了解到Jeep的车型。

跨界结合在Jeep自由光身上体现得淋漓尽致。举办"Jeep自由光全路况看大赛"活动，每一轮抽取一位幸运球迷，并邀请关注指数列前位的徐阳、南方等足球媒体大腕和FM88.7频道女主持，开着Jeep9速自由光亲自将这位球迷送往其最爱的看球场地。

通过足球专家+泛球迷、音乐节目主持人+铁杆球迷，用不同角色搭配造成强烈观点碰撞，从而产生极强的可看性、搞笑性和传播性，连带活动专属座驾 Jeep 自由光也在社交媒体上获得大量关注。

用实力让情怀落地

从"二战"时期的美国军方专用车到现在越野车的代名词，至今已有 75 年历史的 Jeep 已经不仅仅是个家喻户晓的名字，更是一个超越车型与技术的越野代名词。在超过半个世纪的时间里，它已经成功跨越国界抵达众多爱车人士的内心。也正因如此，Jeep 汽车已销售到近 100 个国家，拥有众多 Jeep 爱好者。

"用实力让情怀落地"更让 Jeep 成为中国最有情怀的 SUV 品牌。Jeep 的恋爱故事与生态营销理论的巧妙结合更是让 Jeep 成为营销理论的专家，无论面对亲情、爱情、友情，还是全年不间断的事件点，Jeep 总能让你直击自己的内心，它总有一套属于自己的方法去融入场景，抽离出让人难以抗拒的热爱和向往。Jeep 营销一直在做消费者喜欢的内容，相信 Jeep 在未来仍能给我们提供不少的营销先例。

课 堂 访 谈

赵普： 跟所有优秀的企业主、创业者和明星合作时，明星是要真正投放给钱，不给钱不会出来代言。有一个感触，搭便车的生态法是否是最好方式？

沈颖： 当然是最好方式，这个世界的资源只有10%被商业化，媒体10%可以用来交易，还有90%的价值还没有被商业化，如何进行交换，最后选择互相合作，是生态营销方式。

跟Jeep在一起，七个大佬代表极致专业，互相帮助的方式也是对他们个人形象的提升，用国际专业平台凸显专业是一个非常棒的展示，Jeep经常带着这些企业家出去体验极致旅行，在对产品、品牌和价值观非常认同的状态下，他们非常愿意一起玩。

赵普： 一般的品牌，如果做年轻化营销策略，有什么建议？

沈颖： 可以看到现在很多产品都在玩跨界。互联网的创业型老板很多都在市场一线，是程序员出身，他们会想各种办法去进行一些联合营销，也很有效。很多品牌在进行跨界联系，比如请头部企业家，得是一个同等分量的人，如果要请到一些年轻互联网企业家，需要一个欢乐的品牌，有创新性、好玩有趣，有很多跨界结合玩得很好。

赵普： 产品、信息和生态营销里面的伙伴是怎样的关系？

沈颖： 拉目标客户去看车，会没有时间，如果去一个地方，比如教孩子如何野外生存，这不是一个销售行为，是一个价值。当活动和产品有机整合在一起时，对消费者会成为一个价值。如果人群和产品价值观不融合，产品和场景不匹配，这样的营销会很难继续下去。

图 7　沈颖与赵普"课堂访谈"

讲座嘉宾简介

沈颖，Jeep 生态营销总监。复旦大学传播学博士、剑桥大学 MBA、复旦大学广告学学士。曾任上海通用汽车公关经理、数字营销及 CRM 经理。品牌生态化营销、产销协作型组织运营理论与实践的倡导者。带领团队成功将"超链接的生态营销"理论运用在 Jeep 品牌营销实践中。

新英体育的付费慢生意

2018年9月5日，爱奇艺和新英体育联手举办了名为《聚势·新生》的发布会，双方合资成立新爱体育公司，由新英体育控股；原新英体育媒体平台更名为"爱奇艺体育"，爱奇艺原有的体育板块，统一由新爱体育整体运营。

新爱体育CEO由新英体育掌门人喻凌霄担任。

喻凌霄亲历了中国体育产业整个沧海桑田的变化。他在10年里只干了一件事：运营英超版权，推行体育内容付费模式。他带领着新英体育团队，8年来第三次主动求变。新英体育在这三次主动的转型过程中，喻凌霄始终没有放弃过体育内容付费收看的商业模式。为了让内容付费这个在国外早已验证成功的商业模式，成为中国体育产业发展的重要支撑力量，喻凌霄用了12年的时间。

2018年4月11日，新英体育传媒集团总裁喻凌霄来到中国传媒大学广告学院，分享了体育产业的核心价值和新英体育的付费慢生意。

十二年焕新生：回溯付费体育历史

欧美国家付费观看模式的历史

体育比赛到底是该免费看，还是付费看？这在欧美的体育媒体界并不是一个问题。美国体育付费历史至今已有七八十余年。早在1960年，美国有线电视台就出现了第一个体育付费赛事。到了20世纪70年代，美国有线电视体育付费已初具规模，80年代，有线电视台凭借优质的付费节目和市场运营吸引了大批观众。80年代末，有线电视在美国的付费体育赛事产业发展已经相当成熟。

而放眼整个国际体育市场，付费模式也占主导地位，英超在全世界范围的收费占总收入的90%，这成就了其世界第一足球联赛的地位，欧美电视观众想要获取更多更优质的电视内容，只能通过付费的方式，他们习惯于付费观看更优质的电影、电视剧，也包含体育。而在同一时期，中国观众却可以免费看到全球范围内最精彩的体育赛事，这和中国的国情分不开，中国的传播技术直接从模拟电视到数字电视再到互联网，技术跨过了卫星直播阶段，于是中国少了付费观看的过程，观众不愿意付费去观看一场比赛，而欧美主流市场通过卫星直播收费教育了用户。

透过美国和国际体育市场的付费历史，喻凌霄认为中国体育产业的未来肯定离不开付费模式的建立，这种模式已经不是让赛事版权方简单把赛事版权出售给对用户免费开放的平台，平台方再根据流量变现的不断积累实现盈利，而是要让屏幕前面的观众直接购买比赛观看权，就像付费看电影。

中国企业付费观看模式的尝试

天盛体育是中国第一个开始实行付费观看英超的中国企业。2006年，天盛体育公司购买了欧洲几大联赛的电视版权（英超独家）在有线电视网付费频道销售。这一年，喻凌霄刚踏入天盛体育，准备在体育版权内容付费的商业模式大展宏图。他没有想到的是那些有钱又有身份的第一批目标付费用户，被迫要开着豪车，亲自到一个连车位都难找的营业厅，手持户口本、身份证、房产证等材料排队付钱，而过程完全不允许交由他人代办。中国的有线电视在当时完全不够市场化，政策、技术等多个环境都决定了天盛体育基于有线电视的体育付费模式存在巨大挑战和障碍。

怎么看时机都不成熟。

在2008年前后，IPTV开创了一条付费创新路。通过一种全新的体育视频订阅方式，定制NBA联盟通行证，可以同一时间看多场同时开球的赛事，错过仍可看当赛季的任何一场点播，300多元人民币的价格在当时已经相当划算，但当时技术的局限使得手机和平板无法同时观看。

图1　喻凌霄在天盛时期与同事合影

2016年，乐视体育开启中国体育付费订阅3.0时代，推出了超级体育会员制度，把旗下已购的种类繁多的体育赛事打包成会员套餐形式卖给受众，用此举培养受众的付费订阅习惯。

体育赛事版权具有稀缺性，由于优质体育赛事较少而观赏价值高、优秀运动员培养时间长、赛事门槛高等，业界对高价值体育赛事版权的争夺异常激烈，成交价格屡创新高。

从盲目模仿国外付费模式而失败的天盛体育，到因为成交价格等因素的影响，尝试付费模式的其他企业最后都失败了。

喻凌霄从踏入天盛体育的第一天起，坚信体育版权内容付费的商业模式，坚信欧美成熟市场走通的商业逻辑，在非成熟市场经过改良后一定会被重新验证。这样一条艰难付费之路，喻凌霄一口气走了超过10年，直至看到曙光。现如今根据国人喜好和消费水平量身定制的多家体育赛事直播平台已经出现,并逐渐走向正轨。

付费模式成为体育媒体未来的重心

一个健康的体育产业总体构成有三部分。赛事组织经过了近百年的历史沿革,原来只是一个区域性、社区性的线下活动,现在赛事组织是体育行业的核心行业。

图2 体育产业构成

赛事营销就是赛事组织中必须考虑的因素。赛事营销可以有两种形式:一种是自己运营赛事,运营方式以NBA为代表,所有的商业运动媒体的赞助权益、媒体权益都由NBA联盟组织自己执行。另一种是授权营销机构,在欧洲的体育赛事里出现较多,新英体育就属于这类体育赛事类营销公司,赛事组织方会把权利授权给营销机构做营销。随着核心行业的不断发展,会产生其他外延行业,如体育经纪、体育用品销售、体育旅游、体育彩票、游戏影视文学等其他产业。

体育媒体在体育产业中的角色也很关键。在过去，媒体的收入模式就只有广告模式，如果只是广告变现，某卫视一年的广告收入 100 个亿左右，第二年很难变成 200 个亿，将来再到 1000 个亿，广告收入会有天花板，仅有的广告模式已经难以支撑媒体付出的成本。一个顶级 IP 的价格也在各大平台的争夺中水涨船高，对于一个花费巨资买到 IP 的平台来说单靠广告收入难以为继，观众付费观看比赛成了平台的主要收入来源。付费体育就成了必然出现的趋势，是中国不得不走的一条路。

十二年造一梦：新英誓要实现付费体育梦

优质内容

相对影视娱乐的版权而言，顶级体育内容更有不可替代性强、战略价值明显、易于平台选择等特点，这让喻凌霄更加看好体育市场。英超联赛在全球拥有 14.6 亿的球迷，占到球迷总数的 70%，英超比赛的激烈带来极高的关注度，同时也使其成为全球范围内最具有号召力的付费体育内容，覆盖欧洲的 SKY 与英国电信为了英超比赛的转播权砸下了巨额资金，在本土之外，英超同样成为视频播出平台试水体育付费的首选目标。虽然新英体育并不是第一个吃螃蟹的企业，但喻凌霄认为现在不同以往，受众的认知和认同已经大大改变，现在正是付费体育在中国的媒体播出平台发展的最好良机。新英体育要步步为营，誓要把英超这一个优质螃蟹吃到嘴里。

媒体迭代

喻凌霄认为以前的媒体平台，无论是视频网站、电商、社交平台还是门户网站都分得很清楚，比如阿里电商、京东电商、腾讯社交、腾讯视频等。但现在边界已经突破，商业模式发生了变化，未来趋势是中游营销机构生存空间会被挤压，赛事方和平台方会直接对话，内容可以通过互联网的模式直达用户。盈利模式也发生了变化，广告赞助和订阅收入也随之发生变化。

喻凌霄观察到体育内容变现的最终渠道就是付费趋势的变化，所以新英体育一直在做这方面的引导，逐渐让所有媒体平台达成了付费共识。如果一个产业链不完善，下游无法通过版权获利，从商业逻辑上讲，这样的模式注定不会长久生存下去。新英坚持与合作伙伴一道将付费模式做起来，这个过程很漫长，现在也只是刚迈出一小步，但是正在被更多人所接受。

随着媒介的不断迭代融合，优质内容的版权争夺大大提高了企业购买成本。广告收入很难在短短几年时间内进行明显增长，收入模式的变化将为体育内容的变现带来更大的前景和想象力。随着技术的变化，行业观念也随之变化，付费观赛又多了一个合理的理由。

而另一个理由呢？

由于运营机构和媒体平台在体育产业中最有"钱"景，赛事运营机构由于受限于授权周期，未来不可持续性，预期增长有不确定性因素。

内容直达，这对新英是一个巨大的挑战，既要运营好，也要维系好。

这是新英体育除了做中间商以外，还要做媒体平台的原因。

核心收入

在整个体育赛事里维持好运营，必须有规模收入。核心收入来自赞助业务和媒体版权的售卖。一个成熟的商业俱乐部或者赛事运营方，赞助收入要略高于版权价值。

体育内容和用户产生了更好连接、更好黏度的关系，而体育赞助成为让用户与企业新的链接入口，它既是企业的潜在消费群、新的利益增长点，也是播出平台的重要收入来源。

20世纪80年代足球迷有一个经典记忆是丰田杯，这是足球迷记忆犹新的经典赛事，也是一个经典营销案例，全年就一场比赛，南美足球冠军和欧洲足球冠军在日本东京踢一场比赛，通过媒体进行传播，丰田冠名了十几年。在最近的10年，在体育赛场上看到最多的广告赞助商是三星和起亚，作为一个韩国产品走向全球，体育赞助起到巨大的作用。

从中国赞助角度来看，品牌的传播力和美誉度在未来会帮助中国的企业走向全球，大量的中国制造品牌未来都面临走出去的问题，中国制造已经走过在国际市场前二十多年加工没有品牌的历史，未来的十年就是中国的制造品牌要走向全球时代。

付费体育梦开始落地

有了天盛的前车之鉴，喻凌霄在启动运营新英体育后便重新规划方向和目标，定下了版权分销跟 C 端收费两条腿走路的策略。2010 年 7 月拿到英超（2010-12 赛季）版权，2011 年 1 月就开通新视觉高清频道，先从有线电视端开启英超内容收费之路。虽然也是从有线电视台起步，但新英调整了运营策略。

新英成功说服电视网络公司先付一笔保底费用，再去销售内容节目，当销售收入超过保底费用时，双方继续分账。这样，新英作为版权方的风险得到一定分担。喻凌霄很早就意识到，互联网才是体育付费模式在中国的未来，虽然时至今日，有线电视业务依旧是公司重要的收入来源。2012 年，新英续约英超版权 6 年（2013~2019），决定自建转播平台进行收费。

图 3 新英体育续约英超联赛独家转播权

2013年，新英体育的互联网付费平台开始上线，这是第一家推出互联网体育内容付费的体育媒体，同时也是整个视频行业中最早施行付费模式的视频网站。在这个过程中，新英体育总结了很多技术层面、用户层面以及营销层面的经验和教训，同时也逐渐明晰了互联网付费平台究竟该怎样做的问题。在平台创立早期，新英体育也面临过一些技术不稳定的状况，最后都通过独创的解决方案将困难一一化解。在支付技术上，新英体育可以保证稳定性，从而能够应对集中式的注册、登录、支付等一系列请求。新英体育和合作购买版权的网站一起把英超内容切成两个部分，一部分收费，另一部分免费，几点比赛收费，几点比赛免费，执行统一标准。在推广时则参照国际惯例进行革新，改造成免费加付费的模式，在源头上把版权分割好后进行售卖。

新英体育在进行一系列动作时进行了非常艰苦的谈判。第一，在新媒体的版权范围里强行做切割。第二，新英体育跟电视平台谈判达成一致，地方电视台一周播两场比赛，这两场是什么比赛由新英体育来指定，版权规划好以后，新英体育从源头规划出了一个商业路径如何免费再收费。这种版权销售及合作方式的精妙之处在于，所有英超免费的场次本质上都在为付费场次做推广。

有趣的是，当腾讯在2015年拿到NBA独家数字媒体版权后，很快将体育付费业务视为重点。后来，乐视体育、PPTV体育、爱奇艺网球均加入版权付费阵营。

这样的景象也验证了喻凌霄坚信的付费模式，"这么多年过去了，市场上终于认可了你10年前提出来的商业模式。"

体育产业升温，体育投资市场竞争加速，版权价格高涨，新英在2015年扭亏为盈，随后扩大盈利规模。

据统计，2016~2017赛季，新英体育的付费用户经去掉重复统计之后共计208万，而在天盛时代的付费用户仅1万人左右。10年时间，喻凌霄让英超的付费用户增长了200倍，然而这仅仅是开始。

新英不只做付费，营销也能做到极致。

一块广告牌

在2018年的世界杯赛场，在每一场的足球比赛里，场地LED以及全球统一电视直播比分弹窗上和广告牌上都闪烁着海信电视的八个大字："激光电视，中国第一"。为世界观众和球迷所注意。其实在国际赛事上，海信已经不止一次引起了人们的注意。在2016年欧洲杯的赛场，海信就靠着"Hisense"和"海信电视，中国第一"的大字受到了球迷的关注。海信也在2018年成为FIFA世界杯官方赞助商。这是世界杯设立近百年以来首个中国消费电子品牌赞助商。如何帮助企业制定正确的营销战略，新英体育给了自己的答案。

海信2016年跟新英体育合作，登上了欧洲杯赛场，这是中国品牌唯一一个第一次成为欧洲杯的顶级赞助商。"海信电视，中国第一"的广告牌为海信传播提供了很大实战传播效果。在过去这两年时间内，新英让中国企业已经意识到走出去通过什么样的方式最有效，毫无疑问，体育赞助是最有效的走出去的方式。

图4 海信体育赞助推动国际化发展

一款App

球迷需要的是一款体验舒适、真正用心的赛事直播App，一场精彩的赛事对球迷很重要。在营销战略上示范了正确的体育内容玩法。

直播内容的供给是一切的根基，服务品质好才能留住用户。新英体育认识到真正吸引粉丝的是优质的内容，用户肯为优质的内容付费。

一款出色的球赛App要想生存发展靠的是球迷，如何通过内容引起球迷群体的共鸣，从而对内容产生认同感，是一个球赛直播App的营销核心。新英体育在对新赛季的会员预热传播时，一反过往常规的促销式宣传，而推出武侠江湖概念的会员宣传片，将球迷的世界包装成武侠江湖的形式，来凸显球迷的身份认同感；再利用江湖背景的武侠门派设定，将新英会员的权益巧妙植入其中，形成了一种别具一格的内容包装。

一场球赛

除了专注于赛事直播外，新英体育还通过美女主播与球迷进行为期4天、每天1小时的互动直播，围绕英超和亚洲杯进行全方位报道。英超球迷可以通过新英体育App，跟随美女主播的直播视角，观看英超球队公开训练、球星见面会等赛事以外的丰富活动。新英体育针对尊享会员提供了免费亲临亚洲杯现场观看比赛的活动，邀请了20多位会员亲临现场，以与球迷之间建立更亲密的联系，增强用户认同感。

为了提升球迷们的观球体验，新英体育提供了免费专享全部赛事、在线流畅观看四场精彩比赛、享受普粤英三语解说、1080画质、免广告等专属功能特权。通过半价促销，英冠、联赛杯等赛事全部场次皆可免费观看等活动吸引球迷购买会员，这也使得中国球迷与新英的黏性大大增强。新英降低门槛、增加福利的动作，也是在尝试建立球迷的品牌认同感。

免费与付费相结合是新英体育不断摸索出来的模式，在中国市场，这种模式会被长期地沿用下去。这个周期可能会很长，因为中国体育市场需要培育的用户太多了。目前来看，新英体育在营销思路上的尝试无疑值得肯定，也培育了用户付费直播的生活方式，挖掘了用户的潜在需求。

大平台实现梦的更多可能

新英体育对中国体育产业最大的贡献，是促进了内容付费时代的全面到来。如今，喻凌霄带领的新爱体育将继续在这条道路上寻求更大的突破。"为了能够把付费平台做得更好、传播得更快速，我们觉得最佳的选择还是用爱奇艺体育这个品牌名。"喻凌霄说道。

从大环境看，爱奇艺和腾讯影视会员皆已超过6000万人，加上新英、乐视、腾讯体育等多家公司的不断探索，中国球迷对于付费模式的接受度越来越高，一个理念也被越来越多的人认可：付费不仅仅是买内容，更是买服务，买稀缺资源，享受不一样的体育，看球不仅仅是一个追求比赛的刺激，更是一种健康有趣的生活方式。

对喻凌霄来说，体育内容付费时代的全面到来是他一直以来努力要实现的理想，而和爱奇艺这样的大平台联手，必将会让其实现更多的抱负，同时也意味着他要再次突破自己的舒适区和小圈子，拥抱更广泛的用户和随之而来更加多样化的个性需求，从而给用户提供更加优质的内容服务，最终实现自己体育商业模式的探索和追求。

体育付费模式道阻且长，喻凌霄10多年前的构想，正随着市场和技术的进一步成熟而逐步迎来曙光，并且得到验证。他相信体育一定是未来的朝阳产业。

付费体育为新英体育提供了经验产出物，为其他播出平台提供了借鉴。新英在这场付费战争中赢得了先机，当客户的广告牌出现在奥运会和世界杯赛场时，新英让观众认知了这是一个著名的优质品牌。当新英体育选择和爱奇艺联手成立爱奇艺体育，让付费平台变得更大，不仅考虑了平台和观众，也让新英体育的付费推广梦变得宽广，新英体育正把一项体育赛事通过技术发展和媒体传播平台进行加强，让关注度聚焦，成为一个强有力的优质内容，让优质内容连接优质客户和优质用户。

新英体育在摸索中从未停止自己的脚步，就仿佛每个人的一生，机会可能就只有几个，要有把握机会的能力。

在体育版权内容付费模式从0到1发展过程中，喻凌霄是为数不多的完整亲历者。如今他也成为行业内体育平台、公司、机构的决策者和所在细分领域的集大成者。

50岁的他，见证了中国体育产业从弱小一步步成长壮大，正处在事业的高峰期的喻凌霄，仍然影响着潮水前进的方向和节奏。

课 堂 访 谈

图 5 喻凌霄与贺炜 "课堂访谈"

贺炜：我认为体育未来是一个有发展空间的领域，但是体育产业的发展还需要一个较长的过程。在您来看，怎样吸引优秀的人才投入到体育行业？体育行业可以给人才什么样的待遇？

喻凌霄：在中国，商业环境和人文环境有密切关系。目前的商业环境有些急功近利，很多人希望一夜致富。在中国改革开放初期，确实有这样的机会，因为很多规则都没有。随着经济发展到了一定阶段，规则越来越明晰，信息越来越透明，很难再找到一件快速致富不要技能和坚持的事情。

为什么中间商的估值比较低，因为没有核心可持续价值。

不管是英超联盟还是曼联俱乐部,都是可持久的品牌价值,可持续经营,媒体平台也可以,但是中间商既没有平台也没有内容,所以很难持续增长。

1991年我从广播学院毕业,选择进电视台,1994年做了一次人生中最重大的选择——辞职离开电视台,进入一家版权投资动漫公司。1994年是电视行业如日中天的时候,跟现在的互联网发展市场完全一样。进上海电视台时,频道只有两个,但有快速发展的势头,在快速发展的时候选择退出,这是自己在人生中的选择。

大学生毕业以后要选择工作,要选择行业,个人建议,选择没有对错,选了要给自己长脸,要证明选择对,行行出状元,都有精英和成功。成功绝不是有一个垫板给踩一下,任何行业都要靠积累和坚持才能成功。

在任何一个行业、任何一个工作岗位上,如果认准自己的选择对,请坚持,努力地坚持,中间的过程会非常痛苦。在做体育行业时,很多和我一起创业的人,都已经放弃,也有很多人加盟进来跟我们一起努力,能够从头到尾坚持,真的很少,每人的心态都很急。这个社会给大家造成的压力是明天应该怎么样,后天应该怎么样。然而,人的一生非常长,长到很无奈,所以不要只看眼前,花一点时间去做一些努力。

做人或做企业,第一重要是选择,第二重要是证明选择正确,不是选择正确与否,而是能不能证明选择正确。要有勇气努力坚持,如果一选就对,是买彩票,只有买彩票不需要努力。如果我还留在电视台,我依然会证明我的选择正确,一定让自己成为中国第一流，但是现在选做的是体育。1994年我离开电视台的时候，电视台同事的基本态度都觉得这个年轻人做电视是一把好手，但是做生意这么冲动，估计没戏。我不服，我一定要证明给你看，但是过程非常痛苦，花了20年，才被人意识到我居然还有经商的脑袋。

对自己的要求比做选择更重要，不要只希望我选一下就成功，选择了要坚持住，想放弃也不要犹豫，做下一个选择。但是人的一生给你选择的机会不多，不要浪费选择权。人的一生可能是两次到三次至关重要的选择，要坚定不移，完了要坚持努力，不要让人家看不起你。

贺炜：您对大学生从事体育产业有何建议？

喻凌霄：我的建议并不局限在体育行业，比如广告专业学生，可能进入广告公司、4A公司和创业公司等。体育本身对人的生存状态有巨大提升，所以在任何一个行业里做事情，在现代社会躲不开。如果进入广告行业，建议多关注跟体育内容相结合的内容，这一定是为客户提供服务和帮助的捷径，优质的客户要跟优质的用户结合在一起，如何让客户获得效率？是不是进入体育行业不重要。

体育是生活的重要组成部分，多参与户外，少参与室内，户外代表了积极、健康、向上的生活态度。在阳光下，生活态度积极；天天在角落里，生活态度和状态不是那么明朗。体育在未来的工作和生活中，作为优质内容和生活的一部分，对大家的工作和生活都有极大帮助。积极关注参与到体育中，对生活和未来只有好处，绝对没有坏处。

图 6　喻凌霄在课上讲述他和新英体育的故事

讲座嘉宾简介

喻凌霄，新英体育传媒集团总裁、新爱体育 CEO。国际体育赛事资深营销专家，中国体育付费时代的积极开拓者，坚持推动体育内容在中国的付费之路。新英体育开创了免费模式与付费模式并进的全新体育观赛模式，通过多年耕耘，新英体育成功令过亿的中国球迷通过更加多样化的选择方式和观看渠道观看到英超、联赛杯、英冠、英甲、西班牙国王杯等欧洲顶级足球赛事。

主持人简介

贺炜，中央电视台体育频道主持人，评论员。参与世界杯，欧洲杯，亚洲杯，美洲杯，欧洲五大联赛，欧洲冠军联赛，中超，亚洲冠军联赛等比赛直播解说。

做对营销，如虎添翼

◎杜国清

这本书是2018年春季学期《企业营销战略》课程的成果之一。作为课程负责人，何海明教授一再强调我们不仅仅是"请企业家进课堂，分享巅峰体验"，我们还应该用我们的实力确保课堂内容进一步转化成优质书籍，让更多人受益。所以，自该课程启动以来，这本书是我们集体智慧共同推出的第二本著作。

特别要说的是，升级版的该课程不仅是中国传媒大学研究生的专业课程，而且实现了同时直播、同步共享。作为课程团队的成员之一，开课两年来我最深切的感受就是——只有在创新的路上永不停歇，我们才能保持平和愉悦。所以说，亲爱的朋友们，这本书带着创新而来，既平易近人又高屋建瓴，它将带领读者了解一个个企业和品牌是如何走向巅峰时刻，将营销的奥秘以个案的形式娓娓道来。

本书的最大特色是董事长讲营销。董事长管的是企业的大脑、企业的灵魂，董事长上课堂分享营销也自然会分享企业的大脑和灵魂。透过本书的这些案例，我们深切地感受到，有朝气、有未来的企业一定有非常良好的价值观，有一个正确的和很好的责任感。这样的企业让持续稳健和专业发展成为可能，使健康、有序的进步与创新成为常态。

　　第二点，董事长们不仅都独具个人魅力，而且普遍都接地气。好企业的标准可能有很多，但是似乎都有共通的一点，在回答"是做什么的"这个问题时，三言两语都能说明白，其产品我们看得见，其销售我们也看得见，清澈而明白。

　　第三点，董事长的工作非常重要，因为他的终极责任是创造财富，保证公司具有很好的持续进步能力。董事长的工作也非常辛苦，同时要和很多人沟通。对于营销，他们的态度也是明朗如一，营销很重要，但是要做好营销，当然有好产品，从技术研发到团队管理再到营销广告，在董事长眼中是一盘棋。

　　第四点，本书既是讲营销，更是讲用人，讲分配，讲研发，讲洞察需求，讲差异化，讲应变。企业家来讲这些平日有专人管理和运营的领域，从企业的大脑理念讲到企业的四肢行为，一以贯之讲下来，甚为难得。我们常说，企业家能看见别人看不见的；能管别人管不了的；更能想别人想不到的。这本书强烈而深刻地印证了这一点。

　　第五点，一个企业赢得市场真的不容易，市场对企业的要求也真的很严格。要生存就要不停的进步，不能落后，保持学习，更要保持反省的精神。企业家的反省力是一种重要的能力，企业会因此更主动、更谦逊、更健康。保持勤奋努力向别人学习，保持合作力，不断努力，不断改进工作、改进产品、改进服务。所以说，企业的成长与竞争的能力，企业之间的巅峰对决，归根结底是企业家之间的较量。

第六点，做好营销，如虎添翼。在这些精彩的案例中，我们深刻体会到时代的变革，品牌大时代已然到来，国人开始享用本土生、本土长，但是具有国际品质的国际品牌。最好的产品用来满足国人的需求。原创的国民品牌深受喜爱。与此同时，中国的品牌正在"走出去"的路上，必将走向世界，甚至领导世界。

以上是我的几点感受，通过本书，读者一定能领会更多的精彩。跟随董事长一起登顶，感受创业的艰辛和不易，感受企业运营的智慧和乐趣，感受成就与巅峰时刻，感受充满机遇和挑战的商场人生。

从演讲实录到形成书稿，团队下了很大的功夫来整理、来呈现，一方面，看似水到渠成，有速记也有录音，我们有条件最大程度地还原现场；另一方面，是责任更是实力，让我们的书稿不仅是再现现场，更是挖掘、是洞察、是全方位把握并呈现企业家的战略思想，特别是企业家的营销观、品牌观以及这后面的企业价值观。这个过程，对我们教授、博士、硕士来说，都是重要的学习，也是有难度的学习。所以，从这个层面来说，大家看到的这本书，既是授课团队——企业家团队的实力体现，也是我们课程团队的实力体现。感谢大家对该书的接纳和品鉴，不疾不徐读下来一定有所得、有所悟。

最后要好好介绍我们的团队。何海明教授负责课程总体设计，确定每一位企业家的名单，符绍强老师、陈怡老师和我配合何教授进行教学、书稿、出版等事宜。张津、毛佳兴老师组织现场拍摄和直播信号传送。

具体到书稿整理，特别感谢大家的不惜力。大家经过多次研讨，定下成稿方案。不惜一稿用多种形式来表现，通过比稿最终定下你眼前的这一稿，但还不是最终的文字，经由何海明教授字字句句的认真修改，才有了今天飘着墨香跳跃进眼帘的13个篇章。

不足之处也请海涵，未来我们将继续创新，继续出版该营销战略课系列书籍，敬请关注并提出宝贵的意见和建议。

（杜国清，中国传媒大学广告学院教授，博士生导师）